KW-481-809

MEXIKANISCHE KÜCHE

ROGER HICKS

KÖNEMANN

Copyright © 1990 Quintet Publishing Limited.
All rights reserved. No part of this publication
may be reproduced, stored in a retrieval
system or transmitted in any form or by any
means, electronic, mechanical, photocopying,
recording or otherwise, without the
permission of the copyright holder.

This book was designed and produced by
Quintet Publishing Limited
6 Blundell Street
London N7 9BH

Original title: Mexican Cooking

Creative Director: Peter Bridgewater
Art Director: Ian Hunt
Designer: Annie Moss
Artwork: Danny McBride
Editor: Barbara Fuller

© 1995 für die deutsche Ausgabe
Könemann Verlagsgesellschaft mbH
Bonner Str. 126, D–50968 Köln
Redaktion der deutschen Ausgabe:
Helga Willinghöfer, Köln
Satz der deutschen Ausgabe: Birgit Beyer, Köln
Übersetzung aus dem Englischen:
Christine Lehbrink, Schalkenbach
Druck und Bindung: Sing Cheong Printing Co., Ltd.
Printed in Hong Kong
ISBN 3-89508-061-6

Πολύμνια Κουνέλη
Σεπτέμβριος '96

MEXIKANISCHE KÜCHE

INHALT

COCINA MEXICANA

Selbst in Mexiko findet man das beste mexikanische Essen selten in Restaurants. Die mexikanische Küche ist eine einzigartige Mischung mittelamerikanischer, spanischer und arabischer Traditionen, die ihrerseits wiederum Spanien beeinflußte. Sie kann extrem einfach sein oder auch außerordentlich kompliziert: Die verschiedenen Arten, ein und dasselbe Gericht zuzubereiten, spiegeln die unterschiedlichen kulturellen Einflüsse wider. So essen Sie vielleicht eine aztekische Variante oder die der armen spanischen Soldaten, die eines reichen Adeligen oder die maurische Version eines Gerichts.

Normalerweise jedoch bedient sich die mexikanische Küche einer relativ begrenzten Anzahl an Vorbereitungsschritten und Zutaten, und es ist nicht schwierig, mexikanisch Kochen zu lernen. Es mag zeitaufwendig sein, aber jeder, der gerne kocht, wird schon beim ersten Versuch mit einem vollen Erfolg rechnen können. Außerdem ist das mexikanische Essen meistens billig, lecker und sättigend: Es eignet sich für eine Studentenparty ebenso wie für ein geselliges Treffen älterer und bessergestellter Gourmets.

Zugegeben, an einige Zutaten, die in Mexiko oder im Südwesten Nordamerikas problemlos erhältlich sind, kommt man in anderen Teilen der Welt nur sehr schwer heran. Ein gutes Beispiel hierfür sind die Maistortillas. Als dieses Buch geschrieben wurde, kosteten sie in Mexiko ungefähr 1000 Pesos pro Kilo, das sind umgerechnet 85 Pfennige. In Kalifornien können frische Maistortillas in mexikanischen Geschäften bis zu doppelt so teuer sein. In Großbritannien kosten kleine Dosen mit Tortillas annähernd zehnmal soviel wie in Mexiko.

Man kann jedoch Kompromisse schließen und improvisieren. In Mexiko sind Tortillas de Harina (Tortillas aus Weizenmehl) viel teurer als Maistortillas, aber Weizentortillas sind genauso original mexikanisch und tatsächlich vielerorts billiger in der Herstellung. Sie können aber auch, wenn Sie in der Nähe eines indischen Spezialitätengeschäfts wohnen, Chapatis kaufen. Diese gleichen einigen Sorten mexikanischer Tortillas so sehr, daß Sie den Unterschied niemals merken würden. Wenn sich in Ihrer Nähe ein indisches Spezialitätengeschäft befindet, werden Sie außerdem feststellen, daß viele Gewürze und Zutaten (besonders die verschiedenen Chilisorten) auch für die mexikanische Küche geeignet sind. Über das Aufspüren von Zutaten und das Suchen nach Ersatzlösungen mehr an anderer Stelle des Buches.

Es ist sehr wichtig zu erwähnen, daß mexikanisches Essen nicht immer höllisch scharf sein muß. Sie selbst wählen unter den verschiedenen Chilisorten aus, bestimmen deren Menge und können so den Charakter des Essens von mild bis *muy picante* variieren. Vergessen Sie jedoch nicht, daß man sich sehr schnell an scharfes Essen, also an *muy picante*, gewöhnen kann. Wenn Sie daher ahnungslose Freunde zum Kosten eines Lieblingsgerichts einladen, das Sie schon einige Male ausprobiert haben, kann es durchaus passieren, daß ihnen die Tränen in die Augen schießen!

NO HAY REGLAS FIJAS

»*No hay reglas fijas*« – es gibt keine festen Regeln. Dies gilt für viele Bereiche des mexikanischen Lebens, wie jeder, der einmal versucht hat, durch das Zentrum von Tijuana zu fahren, bestätigen wird. Aber auf nichts trifft dieser Satz so genau zu wie auf die mexikanische Küche.

Hierfür gibt es zwei wichtige Gründe. Der eine ist der Erfindungsreichtum der Mexikaner, teilweise aus der Not geboren, teilweise aber auch hervorgerufen durch reine, naturgegebene Freude an der Improvisation: Man arbeitet mit dem, was man hat, und ändert jedes Rezept, um sich der eigenen Wunschvorstellung zu nähern. Der andere liegt in der schieren Größe und Mannigfaltigkeit Mexikos. Die Grenze mit den Vereinigten Staaten hat eine Länge von fast 3000 Kilometern, und von Norden nach Süden mißt das Land mehr als 1600 Kilometer. Hinzu kommt, daß es tropische und subtropische Küstengebiete gibt (die ›Tierra Calda‹), die Hochebenen mit gemäßigtem Klima (die ›Tierra Templada‹) und das kalte Hochgebirge (die ›Tierra Fria‹). Denkt man ferner an die Bergketten, die seit jeher die Täler voneinander getrennt haben, so wird man erkennen, warum die Bandbreite der regionalen und lokalen Varianten bei den Rezepten gewaltig ist.

Auch wenn die Rezepte dieses Buches sich von denen eines anderen Buches erheblich unterscheiden, ist es dennoch nicht ausgeschlossen, daß *beide* original sind. Wenn Sie irgendein Rezept ändern wollen, z.B. indem Sie es schärfer machen oder abmildern, die Menge des Fleisches verdoppeln oder die des Korianders halbieren, ist es trotzdem sehr wahrscheinlich, daß es immer noch ein Originalrezept ist in dem Sinne, daß irgendjemand irgendwo in Mexiko so kocht wie Sie. Solange Sie sich an original mexikanische Zutaten halten, wird, was immer Sie kochen, auch mexikanisch schmecken.

Eigentlich handelt es sich beim mexikanischen Kochen (wie bei den meisten anderen Methoden des Kochens auch) eher um einen bestimmten Gemütszustand als um das sklavische Befolgen von Rezepten. Soweit es überhaupt Regeln gibt, sollte man zwei Dinge bedenken. Erstens kochen die Mexikaner das Fleisch häufig viel länger als die Nordamerikaner oder die Europäer. Oft kocht es stundenlang, bis es mit zwei Gabeln zerteilt werden kann. Dann wird es unter das Gemüse oder die *Mole* (Soße) gerührt. Zweitens sollten Sie immer daran denken, daß Sie viel Spielraum haben. So können Sie z.B. verschiedene Fleischsorten (Rind, Schwein, Hähnchen, Lamm oder sogar Ziege) in einem Gericht zubereiten oder verschiedene Soßen zu einer Fleischsorte reichen.

ZUTATEN

Es gibt bestimmte Zutaten, die den charakteristischen Geschmack der mexikanischen Küche bestimmen und ohne die es nicht geht. Falls es in Ihrer Nähe keinen mexikanischen Händler gibt, sind einige dieser Zutaten vielleicht in einem gut sortierten Supermarkt erhältlich, während man nach anderen unter Umständen etwas suchen muß. Wie schon erwähnt, sind indische Spezialitätengeschäfte dafür eine Fundgrube. Das gleiche gilt für chinesische und andere orientalische Läden. Beachten Sie auch das Glossar auf Seite 94.

OBEN: Mexikanischer Käse.
UNTEN: Getrocknete Chilis.

AVOCADOS In Mexiko gibt es viel mehr Avocadosorten als in den meisten anderen Ländern der Welt, und normalerweise kommen sie in besserem Zustand auf den Markt: reif und sehr aromatisch. Die mit der dicken, rauhen Haut (Hass) sind die besten Avocados außerhalb Mexikos. Eine reife Avocado gibt sanftem Fingerdruck nach, ohne matschig zu sein oder sich schwarz zu verfärben. Unreifte Avocados, die jedoch nicht zu früh gepflückt sein dürfen, reifen nach, wenn man sie eine Weile in der Küche in einer Schüssel liegen läßt, am besten zusammen mit einigen Bananen.

CHAYOTE Birnenförmiger Kürbis.

KÄSE UND MILCHPRODUKTE Es gibt unzählige mexikanische Käsesorten. Einige werden aus Kuhmilch, andere aus Ziegenmilch hergestellt. Sollten Sie keinen original mexikanischen oder spanischen Käse bekommen, können Sie meist, wenn der Käse geschmolzen werden soll, Cheddar oder einen anderen Käse, der sich zum Überbacken eignet, verwenden. Als Ersatz für die mexikanische Sahne oder »Crema Agria«, die in Mexiko oft zum Garnieren verwendet wird, kann man gut saure Sahne benutzen.

CHILIS Je nachdem, wen man fragt, werden in der mexikanischen Küche zwischen 50 und 250 verschiedene Sorten von Chilipfeffer verwendet. Für unsere Zwecke reichen vier Arten. Innerhalb dieser Gruppen ist es normalerweise möglich, Ersatzsorten zu finden.

Frische scharfe Chilis SERRANO-CHILIS und JALAPENO-CHILIS sind am bekanntesten; sie sind wirklich unglaublich scharf. Normalerweise kann man sie gegeneinander austauschen. Verwenden Sie zwei oder drei kleinere Serranos statt einer großen Jalapeno. Nach dem Schneiden dieser Früchte müssen Sie unbedingt Ihre Hände und die Messerklinge sorgfältig säubern: Gerät etwas von dem Chilisaft in die Augen, ist dies äußerst

Mulato New Mexico Ancho Guajillo Pasilla

California Jalapeno Pasilla (Pulver) California (Pulver) New Mexiko (Pulver) Quebrado (zerstoßene Chilischoten) de Arbol Negro

schmerzhaft, auch wenn hierdurch kaum ein bleibender Schaden verursacht wird.

Frische große Chilis (Peperoni) Diese sind viel milder als die kleinen: Die großen **ANAHEIM**- und **POBLANO**-Chilis sind nur wenig schärfer als Paprikaschoten. Kerne und weiße Innenhaut, die den größten Pfefferanteil enthalten, werden vor der Verwendung der Früchte entfernt: siehe Chilizubereitung (Seite 12–13.)

Getrocknete Chilis Getrocknete Chilis sind immer scharf, obwohl die kleinen roten viel schärfer sind als die großen bräunlichen, dunkelroten oder schwarzen **CALIFORNIAS, NEW MEXIKOS, ANCHOS, PASILLAS** oder **NEGROS** etc. Viele Sorten sind als Pulver erhältlich. Kerne und Innenhaut werden bei den größeren Chilis vor dem Kochen normalerweise entfernt, bei den kleineren nicht.

Andere vorbehandelte Chilis Verschiedene Sorten eingelegter Chilis sind im Handel erhältlich. In vielen Rezepten werden eingelegte Jalapenos verwendet, obwohl ersatzweise auch frische Chilis genommen werden können, während eingelegte Chilis in Soße (**EN ESCABECHE**) dem Gericht eine eigene Geschmacksnote geben. **CHIPOTLE-CHILIS** sind geräuchert und werden normalerweise en Escabeche angeboten. (Falls Sie in Europa im Geschäft Verständigungsschwierigkeiten haben, wenn Sie die Namen der entsprechenden Chilis nennen, sollten Sie Ihre Phantasie spielen lassen und den Charakter der Sorten beschreiben. Es gibt in unserer Sprache keine entsprechenden Bezeichnungen.)

SCHOKOLADE Mittelamerika ist das Ursprungsland der Kakaobohnen und der Schokolade. Sie wird hauptsächlich als Kakao getrunken, man stellt mit ihr aber auch eine Schokoladensoße für pikante Gerichte her (Seite 81).

OBEN: Ein Korb mit Chilis und Paprikaschoten. UNTEN: Frische Chilis.

KORIANDER Frischer Koriander, auch »chinesische Petersilie« (im Spanischen »cilantro«) genannt, findet in vielen Salsas Verwendung, dazu in unzähligen anderen Gerichten, und dient auch zum Garnieren. Fragen Sie im indischen Lebensmittelgeschäft nach *Dhaniya*, oder züchten Sie Ihren eigenen Koriander: Die Samen werden sprießen, und frisch gepflückter Koriander (mit grünen Koriandersamen) bereichert die »Salsa Cruda« um eine pikante Note.

Paprikaschoten   Anaheim/California   Poblano

Serrano   Gelbe Peperoni   Jalapeno

Jicama Chayote Mais, getrocknet und frisch Nopales (Kaktussprossen) Tomaten Burros (Bananen) Plantanos machos

Cilantro (Koriander) Avocado Calabacitas (Zucchini) Limonen Rote (milde) Zwiebel Braune Zwiebel Mandeln Pipian (Kürbiskerne) Tamarindenschote

MAISHÜLSEN Strenggenommen handelt es sich hierbei nicht um eine Zutat. Tamales (Seite 78) werden beim Kochen in Maishülsen gewickelt, und vor dem Essen entfernt man sie. Normalerweise sind sie nur in mexikanischen Geschäften erhältlich.

KRÄUTER UND GEWÜRZE Abgesehen von den Chilis werden in der mexikanischen Küche hauptsächlich Oregano und schwarzer Pfeffer verwendet. Frischer Oregano (dies gilt natürlich auch für Salbei und Thymian) ist viel aromatischer als getrocknete Kräuter. Verwenden Sie keine alten Gewürze, die schon jahrelang in Ihrem Regal verstauben. Werfen Sie sie weg, und kaufen Sie auch frische Gewürze, wenn die vorhandenen ihr Aroma verloren haben.

HOMINY Hominy ist Mais, der mit einer Lauge behandelt wurde; der geschmackliche Unterschied zu unbehandeltem Mais ist erstaunlich groß. Er ist in verschiedenen Varianten erhältlich, z.B. als die traditionelle Maisgrütze aus dem Süden. Man kann ihn aber auch in Dosen kaufen. Er wird hauptsächlich für die Herstellung von Pozole (siehe Seite 70) verwendet.

JICAMA Ein Wurzelgemüse von ungewöhnlichem Geschmack, im Aroma eine Mischung aus roher Kartoffel oder Rübe, Apfel und süßem Rettich.

MASA Ein vorgefertigter Maisteig, der zur Zubereitung von Tortillas und Tamales dient. Sollten Sie Masa nicht erhalten, gelingt es Ihnen vielleicht, ein Spezialmehl namens Masa Harina zu bekommen, das nicht dasselbe ist wie Maismehl. Damit können Sie Ihre eigenen Tortillas herstellen. Andernfalls müssen Sie Fertigprodukte kaufen.

PILONCILLO Grober, teilweise raffinierter Zucker. In indischen Läden als *Gur* oder *Jaggery* erhältlich.

PIPIAN Rohe, ungesalzene Kürbiskerne. Diese werden, wie auch andere Nußsorten, zum Andicken und Aromatisieren von Soßen und Schmorgerichten verwendet. Vielleicht finden Sie sie in einem mexikanischen Laden. Andernfalls müssen Sie selbst einen Kürbis entkernen.

PLANTANOS Eine bananenähnliche Frucht, die statt Bananen zum Kochen verwendet wird. Sie erreicht nie die Süße von Bananen, löst sich jedoch in Schmorgerichten nicht so schnell auf wie diese. Nehmen Sie leicht unreife Bananen, wenn Sie keine Plantanos bekommen können. In indischen Läden werden Sie *Plantains* genannt.

FERTIGGERICHTE Auf den Seiten 16–17 finden Sie Rezepte sowohl für Mais- als auch für Weizentortillas, aber viele Köche finden es einfacher, auf Fertigprodukte zurückzugreifen. Die Mexikaner übrigens auch. Es ist

ebenfalls praktischer, Taco-Schalen zu kaufen, es sei denn, Sie besitzen eine Gußform. Aber es gibt wirklich keinen Grund, Tostadas zu kaufen, wenn es so leicht ist, Tortillas zu braten und sie selbst herzustellen.

Viele Arten von Salsas sind als Fertigprodukte erhältlich, aber selbst zubereitete schmecken viel besser: Ihre Herstellung ist nicht schwierig; auf den Seiten 22–27 finden Sie diverse Rezepte. Servieren Sie sie mit frisch gebratenen Tostaditas (Seite 16), und Sie werden feststellen, wie Chips und Salsa schmecken *sollten*. Gekaufte Guacamole (Seite 23) ist nicht mit selbstgemachter zu vergleichen.

Gebackene Bohnen gibt es in Dosen. Man kann sie bedenkenlos verwenden. Sobald Sie jedoch zum ersten Mal frisch zubereitete Frijoles Refritos probiert haben, werden Sie feststellen, wieviel köstlicher gebackene Bohnen sein können.

Es gibt unzählige andere mexikanische Fertigprodukte von einer Vielzahl von Herstellern, und ein Großteil ist von erstaunlich guter Qualität: Die Schokoladensoße z.B. ist mindestens genauso gut wie die der meisten Restaurants. Trotzdem: Selbstgemachte ist noch besser!

Burritos, Tamales, Enchiladas etc. in Dosen oder gefroren sind meist eßbar, haben aber wenig Ähnlichkeit mit den Originalgerichten, besonders, wenn diese sorgfältig zubereitet werden.

TAMARINDENSCHOTE Samenhülse der Tamarindenpflanze. Sie wird zur Herstellung eines Getränks verwendet, das gegen Halsschmerzen helfen soll, wird aber auch in einigen Dressings benutzt. Sie ist in mexikanischen, indischen und orientalischen Läden erhältlich.

TOMATILLOS Diese sehen grünen Tomaten ähnlich, haben aber eine braune, papierartige Schale. Bei einigen Gerichten sind sie unentbehrlich. Grüne Tomaten sind kein Ersatz.

IN DER KÜCHE

Um mexikanisch zu kochen, benötigen Sie keine ausgefallene *Batterie de cuisine*: die traditionellen tönernen *Cazuelas* (Kasserollen) und *Ollas* (Töpfe) sind sogar viel unpraktischer als modernes Küchengerät.

Ein großer Kochtopf oder eine große, schwere, feuerfeste Kasserolle ist besonders zweckdienlich. Diese ersetzt die tönerne *Olla*, die jahrhundertelang das wichtigste Kochutensil in Mittelamerika war. Darüber hinaus benötigen Sie einen schweren Tiegel oder eine große Bratpfanne (gußeisern wäre ideal), eine weitere kleinere Pfanne und einen oder zwei Töpfe. Nun können Sie fast alles kochen, worauf Sie Appetit haben.

Eine Anzahl verschieden großer Schüsseln, einige scharfe Messer und ein Schneidebrett sind zur Zubereitung der Speisen ebenfalls notwendig.

Traditionell werden Stößel und Mörser zum Zerkleinern und Pürieren der Nahrungsmittel verwendet, und auch heute noch erleichtert ein großer, stabiler Stößel mit Mörser die Arbeit; wenn Sie möchten, können Sie außerdem einen kleineren für Gewürze verwenden.

An elektrischem Gerät ist vor allem ein Mixer unentbehrlich. Mit diesem ist es viel leichter, die Soßen bis zu dem gewünschten Grad zu pürieren. Eine Küchenmaschine ist nützlich, püriert aber in vielen Fällen nicht fein genug. Zum Mahlen von Gewürzen ist eine kleine Kaffeemaschine ideal – verwenden Sie sie aber danach nur nach gründlicher Säuberung wieder für Kaffee. Anderenfalls wird Ihr Frühstück von exotischen Düften begleitet sein.

Einige grundlegende Techniken werden bei den meisten Rezepten vorausgesetzt. Es bietet sich an, diese hier kurz zu beschreiben.

Zubereitung der Chilis Bei den größeren getrockneten Chilis (Ancho, California, New Mexico etc.) werden zunächst die Kerne und die Innenhaut entfernt: die Innenhaut entlang des Fruchtfleisches ist bei Chilis grundsätzlich am schärfsten. Zerpflücken Sie sie dann in gleich große Stücke, die Sie kurz in einer heißen, trockenen Bratpfanne oder auf einem Backblech rösten. Erhitzen Sie zuerst die eine Seite, bis sich die Farbe verändert und die Chilistücke anfangen zu knistern. Dann wenden und ebenso mit der anderen Seite verfahren. Nicht anbrennen lassen, sonst werden sie bitter.

Geben Sie dann die zerkleinerten, gerösteten Chilis in eine Schüssel, und bedecken Sie sie mit Wasser. Ein auf die Chilis geleg-

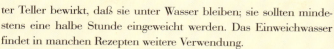
ter Teller bewirkt, daß sie unter Wasser bleiben; sie sollten mindestens eine halbe Stunde eingeweicht werden. Das Einweichwasser findet in manchen Rezepten weitere Verwendung.

Die größeren frischen Chilis (Anaheim, Poblano) werden häufig über einer offenen Flamme geröstet, bis die Haut überall Blasen wirft; wenn Sie über keine offene Flamme verfügen, gehen Sie wie unten beschrieben vor oder benutzen Sie einen Grill. Wenn die Haut blasig wird, werden die Chilis für zwanzig Minuten zum Dämpfen in eine Plastiktüte gegeben. Es wird dann sehr einfach sein, sie zu häuten.

Trocken braten Da Backöfen oder das Grillen mit Oberhitze in der traditionellen mexikanischen Küche keine große Rolle spielen, werden viele Gerichte in einem heißen, mit Gewürzen bestrichenen Tiegel oder in einer Bratpfanne zubereitet, ohne jegliches Fett und ohne Flüssigkeit. Tomaten werden häufig auf diese Weise gebraten und dann den Soßen hinzugefügt; Knoblauch wird auf diese Art weich geschmort; Nüsse und Samen werden so geröstet und, wie oben ausgeführt, Chilis. In vielen Fällen erzielt man mit einem Grill den gleichen Effekt.

Eine geröstete Chili, deren Haut Blasen wirft.

TAFELFREUDEN –
AUF MEXIKANISCHE ART

Die mexikanischen Eßgewohnheiten beruhen weitgehend auf denen des alten Spanien, also auf den Gebräuchen einer mittelalterlichen Gesellschaft, die von der Landwirtschaft lebte. Der traditionelle Rhythmus, der sich aus dieser Lebensform ergab, verändert sich heute sowohl im modernen Spanien als auch in Mexiko.

Traditionell gab es in Mexiko vier Mahlzeiten am Tag. Mit einem leichten Frühstück (Almuerzo), bestehend aus süßem Gebäck, Kaffee oder Schokolade und Orangensaft, begann der Tag. Dies wurde relativ spät eingenommen, etwa gegen neun. Die Frühaufsteher jedoch pflegten schon etwas Handfesteres zu sich zu nehmen – vielleicht gegen sieben oder acht Uhr Tacos oder Enchiladas. Danach gab es gegen halb elf oder elf ein deftigeres zweites Frühstück (Merienda) mit Huevos Rancheros, Omelettes oder sogar Steaks. Gegen zwei Uhr wurde dann die Hauptmahlzeit des Tages eingenommen, die Comida. Problemlos konnte sie bis zu sechs Gänge umfassen und einige Stunden dauern, die Zeit für die berühmte Siesta, das anschließende Mittagsschläfchen, miteinberechnet. Die Abendmahlzeit (Cena) war eine leichtere Variante der Comida; sie begann selten vor neun Uhr abends und dauerte häufig bis Mitternacht. Abgesehen vielleicht vom Almuerzo, waren alle Mahlzeiten nicht nur Nahrungsaufnahme, sondern auch geselliges Ereignis: ein Anlaß zum Plaudern und Entspannen, die Gesellschaft von Familie und Freunden genießend.

In einer Welt, die von den Maßstäben der Industriegesellschaft beherrscht wird, beginnen sogar die Mexikaner, ihre alten Gewohnheiten zu ändern. In einer großen Stadt ist die Familien-Comida nicht mehr durchführbar, da die Wege zur Arbeit zu lang sind. Ohne eine ausgiebige Comida gewinnt die Cena an Bedeutung, obwohl sie heute etwas früher eingenommen wird, etwa gegen acht Uhr abends. Eine Mahlzeit gegen sechs Uhr, wie sie in den meisten nordamerikanischen Familien üblich ist, wäre für fast alle Mexikaner barbarisch früh, es sei denn, sie hätten den ganzen Tag auf den Feldern gearbeitet.

Da wenige Leser ihren Zeitplan dem traditionellen mexikanischen Lebensstil anpassen können, bin ich davon ausgegangen, daß die Gerichte aus diesem Buches normalerweise abends gekocht werden. Daraus ergibt sich zwangsläufig eine Mischung aus Comida und Cena. Vielleicht haben Sie ja Lust, z.B. an einem Sonntagnachmittag, auch einmal eine große Comida mit Freunden und Familie abzuhalten. Laden Sie Ihre Gäste für ein Uhr ein, und veranschlagen Sie für Ihr Fest ruhig vier bis fünf Stunden.

Eine vollständige Comida besteht aus: Entremés, das sind Vorspeisen, Sopa (Suppen), Pasta (im Mexikanischen treffend »Sopa Seca« genannt); Fisch; Fleisch oder Geflügel mit Salat, Postre (Dessert) und Kaffee. Bei der Cena wird die Pasta normalerweise weggelassen, und die Gerichte sind meistens leichter: eine Consommé statt einer herzhaften Suppe, aufgeschnittenes kaltes Fleisch an Stelle von warmem u.s.w. Die Reihenfolge der Rezepte in diesem Buch folgt weitgehend dem Aufbau einer Comida, mit einem einleitenden Abschnitt über die wichtigsten Beilagen (Tortillas, Soßen etc.) und einem abschließenden über Getränke.

Ein Restaurant in Huejofzingo. RECHTS UNTEN: Agaven in Candelaria.

TORTILLAS
◆◆◆◆◆◆◆◆◆◆◆◆◆

Die Tortillas haben in der mexikanischen Küche den gleichen Stellenwert wie die Kartoffel in der nordeuropäischen und nordamerikanischen: Sie sind ein sättigendes, preiswertes Grundnahrungsmittel und Beilage der meisten Gerichte. Ursprünglich wurde getrockneter Mais mit Limonen gekocht, um »Nixtamal« zuzubereiten, das dann auf einer »Metate« mit einem »Metlalpil« gemahlen wurde, um Masa (Maisteig) herzustellen. Heute kaufen die meisten Menschen vorgefertigte Tortillas, obwohl eine einfache Maistortilla nicht mehr ist als eine Mischung von Masa Harina (»Harina« bedeutet Mehl), Wasser und Salz.

MAISTORTILLAS
◆◆◆◆◆◆◆◆◆◆◆◆◆◆◆◆◆◆◆◆◆◆◆◆◆◆◆◆◆

FÜR 12 STÜCK

450 g Masa Harina
300 ml Wasser
1 TL Salz

◆ Alle Zutaten in einer großen Schüssel zu einem Teig verarbeiten. Wenn die Masa zu sehr klebt, ist sie zu naß: mehr Masa Harina zufügen und verarbeiten. Krümelt der Teig, ist er zu trocken: langsam etwas Wasser zugeben. Es schadet dem Teig nicht, wenn Sie ihn mehrmals durchkneten, durch wiederholte Bearbeitung scheint sich seine Konsistenz sogar zu verbessern. Wenn man gemahlene getrocknete Chilis oder geriebenen Hartkäse (z.B. Parmesan) unter den Teig mischt, erhält man gewürzte Tortillas.

◆ Die traditionelle Art, Tortillas zu formen – eine Kugel Masa wird solange von einer Hand in die andere geschlagen, bis sie die Form eines dünnen Blattes angenommen hat –, ist sehr schwer zu erlernen und auch recht zeitaufwendig. Mit einer Tortillapresse geht alles viel einfacher; verwenden Sie zwei Plastiktüten, die verhindern, daß der Teig an der Presse festklebt. Wenn Sie keine Tortillapresse haben, rollen Sie einfach eine Kugel Teig mit einer normalen Teigrolle zwischen zwei Plastiktüten aus. Wachspapier, in manchen Kochbüchern empfohlen, klebt viel schneller am Teig fest als Plastiktüten. Der Umfang der Maistortillas kann von 3–5 cm (als Vorspeise) bis zu ca 15 cm variieren.

◆ Bereiten Sie die Tortillas auf einem *Comal* über einer offenen Flamme zu. Ein Comal ist eine runde Backplatte, entweder aus Gußeisen oder aus Steingut. Ein Tiegel oder eine schwere Bratpfanne läßt sich ebenso verwenden. Jede Tortilla wird auf beiden Seiten einige Minuten gebraten. Sie ist fertig, wenn sich die Ränder heben und leicht gebräunt sind. Wenn man bedenkt, daß sechs Leute während einer Mahlzeit spielend ein paar Dutzend Tortillas verzehren können, versteht man auch, warum die meisten Hausfrauen ihre Tortillas fertig kaufen: ein Dutzend Tortillas kann eine Stunde Arbeit kosten, man kann sie aber auch zu einem ganz vernünftigen Preis in einem Lebensmittelgeschäft oder in einer »Tortilleria« kaufen.

◆ Aufwärmen lassen sich Tortillas am besten über einer offenen Flamme: Befeuchten Sie sie mit nassen Händen, wenn sie zu trocken sind. Oder legen Sie sie in die Mikrowelle oder auf ein Comal. Es geht auch im Herd bei 70–90°. Hierbei werden die Tortillas zunächst in Papiertücher gewickelt, dann in ein nasses Tuch, und schließlich wird das ganze Paket noch in Alufolie gehüllt.

◆ Zum Braten der Tortillas verwenden Sie 1–2 EL *sehr* heißes Öl (Mais- oder Erdnußöl, Schweineschmalz für die Traditionalisten), dann nach Geschmack braten. Nach 30–60 Sek. sind die Tortillas weich und biegsam; nach 2–3 Min. hart und knusprig und in dieser Form als Tostadas bekannt. Zur Herstellung von selbstgemachten Maischips oder Tostaditas schneiden Sie Tortillas von 10 cm Durchmesser in Viertel. Diese dann in viel Öl braun und knusprig braten.

WEIZENMEHLTORTILLAS

Weizenmehltortillas sind in Mexiko erheblich teurer als Maistortillas und werden von ärmeren Leuten kaum gegessen. Sie sind aber dennoch ein fester Bestandteil der mexikanischen Küche. Sie werden seltener gebraten als Maistortillas, und niemand verwendet sie zur Herstellung von Chips. Bei der Zubereitung von großen Burritos oder Tostadas Compuestas (siehe Seite 30) sind Weizenmehltortillas ein Muß. Die größten Tortillas können einen Umfang von bis zu 30 cm haben.

◆

FÜR 12 STÜCK

450 g Weizenmehl
1 TL Salz
1 TL Backpulver
1 EL Schmalz
180 ml kaltes Wasser

◆ Alle trockenen Zutaten vermischen; das in Stücke geschnittene Schmalz dazugeben; genügend Wasser für einen festen Teig zufügen. Den fertigen Teig unter Zuhilfenahme von Plastiktüten auf einem bemehlten Brett ausrollen, (wie bei der Zubereitung von Maistortillas beschrieben).

TORTILLAPRESSE

Falls Sie eine Tortillapresse entdecken sollten: Sie sind nicht teuer und erleichtern die Herstellung von Tortillas erheblich.

BURRITOS

Ein »Burrito«, was so viel bedeutet wie »kleiner Esel«, wird aus einer 30 cm großen Weizenmehltortilla hergestellt. Die Füllung wird in die Mitte gegeben. Dann ein Ende umklappen, damit die Füllung nicht herausfällt, und die Tortilla aufrollen. Typische Füllungen sind Carne Asada (Seite 59), geschnetzeltes Fleisch, zubereitet wie für Ropa Vieja (Seite 64), oder Käse mit gebackenen Bohnen (Seite 18). Man kann sie mit übriggebliebenem Fleisch oder anderen Resten füllen, auch mit Rührei.

GEGENÜBERLIEGENDE SEITE: Tortilla-Einkauf in Inchitan.
OBEN, RECHTS: Eine Tortillapresse.

RECHTS: Enchiladas. Eine Enchilada ist eine Variante der gerollten Tortillas. Die Tortilla durch kurzes Braten weich werden lassen, dann mit Käse, zerkleinertem Fleisch, gewürztem Rinderhack oder nach Belieben anderen Zutaten füllen und aufrollen.

FRIJOLES

Frijoles – Bohnen – sind eine wichtige Zutat der mexikanischen Küche. Welche Sorte Bohnen man verwendet hängt davon ab, was vor Ort wächst: schwarze Bohnen, rote Bohnen, weiße Bohnen, Pintos oder Pinquitos. Die Bohnen müssen, bevor man sie weiterverarbeitet, immer zuerst gekocht werden.

◆

GRUNDREZEPT BOHNEN

FÜR 4–6 PERSONEN

**450 g Bohnen
2 Zwiebeln, fein gehackt
5–10 Knoblauchzehen, gehackt
1 Lorbeerblatt
2–4 Serrano-Chilis
3 EL Schmalz oder Olivenöl
1 Tomate, geschält, entkernt und gehackt
Salz und Pfeffer nach Belieben**

◆ Bohnen waschen und aussortieren; nicht einweichen. Mit kaltem Wasser bedecken und eine Zwiebel, die Hälfte des Knoblauchs, das Lorbeerblatt und die Chilis hinzufügen. Im geschlossenen Topf zum Kochen bringen. Köcheln lassen, falls nötig, noch Wasser hinzufügen. Wenn die Bohnen schrumpelig werden, 1 EL Schmalz oder Olivenöl hinzugeben, dann weiterkochen, bis die Bohnen weich sind. Das kann fast einen ganzen Tag dauern. Wenn die Bohnen weich sind, nach Geschmack salzen. Nicht vorher salzen, sonst werden sie zäh. Nach dem Salzen $1/2$ Std. kochen, aber kein Wasser mehr hinzufügen.

◆ Die zweite Zwiebel und den restlichen Knoblauch in dem übriggebliebenen Schmalz oder Olivenöl langsam goldbraun braten, die Tomate hinzufügen und ein paar Min. schmoren. Einige Bohnen mit etwas Kochflüssigkeit hinzufügen und das Ganze zu einem dicken, glatten Brei verrühren. Man benötigt ungefähr 3 EL dieser Masse. In den Topf mit den gekochten Bohnen zurückgeben und die Bohnen damit andicken.

FRIJOLES REFRITOS

(Gebackene Bohnen)

FÜR 6 PERSONEN

**Bohnen, wie im Grundrezept zubereitet
450 g Schmalz**

◆ 2 EL Schmalz in einer großen, schweren Kasserolle oder in einem gußeisernen Topf schmelzen. Dann die wie oben zubereiteten Bohnen eßlöffelweise unterrühren. Falls nötig, mehr Schmalz hinzufügen. Es empfiehlt sich, das *weiche* Schmalz in einem Glasgefäß zur Hand zu haben. Sie müssen nicht die gesamte Portion Schmalz verwenden, obwohl ein Mexikaner dies sicher täte!

◆ Das Gemüse sollte schließlich dick, relativ trocken und sehr gehaltvoll und cremig sein. Wer Bedenken wegen des Cholesteringehalts hat, verwendet statt des Schmalzes Olivenöl. Wer keines von beiden benutzen möchte, kauft Bohnen in der Dose. Verschiedene Sorten ausprobieren! Es gibt große Qualitätsunterschiede. Die besten sind sehr gut, aber bei weitem nicht so gut wie selbstgemachte Refritos.

SCHWARZE BOHNENSUPPE

FÜR 6 PERSONEN

**225 g schwarze Bohnen
2 l Wasser
4 EL Schmalz
1 mittelgoße Zwiebel, gehackt
2–4 Knoblauchzehen, gehackt
$1/2$ TL getrocknete rote Chilis (Pulver),
unter der Bezeichnung eg Arbol erhältlich
1 Tomate, geschält, entkernt und gehackt
$1/4$ TL Oregano
Salz
75 ml Sherry**

◆ Bohnen waschen und aussortieren, nicht einweichen. Im Wasser kochen, bis sie fast weich sind. Das Schmalz in einer Pfanne oder Kasserolle schmelzen. Zwiebel, Knoblauch und Chili braten, bis die Zwiebel weich, aber nicht braun ist. Die Tomate hinzufügen; 1 Min. auf dem Herd lassen. Die Mischung mit dem Oregano zu den Bohnen geben und nach Belieben salzen. In einem geschlossenen Topf köcheln lassen, bis die Bohnen weich sind.

◆ Die Bohnen durch ein Sieb passieren oder in eine Küchenmaschine geben. In den Topf zurückgeben und noch kurze Zeit kochen lassen. Den Sherry 2 Min. vor dem Servieren hinzufügen.

GEGENÜBERLIEGENDE SEITE: Gebackene Bohnen – Frijoles Refritos.

WEISSE BOHNENSUPPE

FÜR 4–6 PERSONEN

225 g weiße Bohnen
Salz
¹/₂ Schweinshaxe, in 2,5 cm große Würfel geschnitten
2 EL Schmalz
1 Zwiebel, gehackt
¹/₂ grüne Paprikaschote, kleingeschnitten
100 g Schinken, kleingeschnitten
2 Chorizos
350 g Salsa de Jicamate (Seite 25) oder 1 Dose Tomatensoße
1 Scheibe Kohl

◆ Bohnen über Nacht einweichen. Zum Kochen bringen und soviel Wasser hinzufügen, daß die Bohnen bedeckt sind. Nach 2 Std. (oder später) Salz hinzufügen. Das gewürfelte Schweinefleisch knapp mit Wasser bedeckt ¹/₂–1 Std. kochen lassen.

◆ Das Schmalz in einer großen Kasserolle (oder Cazuela) schmelzen und darin die Zwiebel, die Paprikaschote, den Schinken und die gehäuteten Chorizos braten. Wenn die Zwiebel weich ist, die Tomatensoße hinzufügen und zum Kochen bringen. Bohnen und Schweinefleisch mit der Kochflüssigkeit hinzugeben und umrühren. Mit dem Kohl anreichern und einige Stunden köcheln lassen, bis die Suppe sämig ist und sich die einzelnen Zutaten verbunden haben.

ARROZ

(Reis)

Da Reis geschmacklich relativ neutral ist, ist er ein idealer Begleiter für die pikanten Gewürze der mexikanischen Küche. Sogar Speisen, die »poco picante« gekocht wurden, passen hervorragend zu einfachem, gekochtem Reis. Um für etwas mehr »Pep« zu sorgen, wird weißer Reis oft mit etwas Chilipulver gekocht. Es empfiehlt sich, mit einem Teelöffel des milden Pasilla-Chilipulvers pro Tasse ungekochtem Reis anzufangen. Quantität und Charakter des Chilipulvers können dann beliebig dem eigenen Geschmack angepaßt werden. Dieser Reis ist eine ideale Beilage zu Omelettes, Carne Asada, Schweinekoteletts und ähnlichem. »Spanischer Reis«oder »mexikanischer Reis« ist ein reichhaltigeres, komplizierteres Gericht. Hier wird der Reis vor dem Kochen gebraten und mit Safran gewürzt.

◆

GRUNDREZEPT SPANISCHER REIS

FÜR 6 PERSONEN

2 mittelgroße Zwiebeln, fein gehackt
mindestens 2 Knoblauchzehen, gehackt
mindestens 2 Serrano-Chilis, gehackt
(frisch oder aus der Dose)
450 g geschälte, entkernte Tomaten oder 1 Dose Tomaten
60 ml Olivenöl
450 g Reis
$^1/_4$ TL ganzer Kreuzkümmel
$^1/_4$ TL Safran
ca. 1 l Hühnerbrühe
Salz und Pfeffer
200 g Erbsen, frisch oder tiefgefroren

◆ Zwiebeln, Knoblauch, Serranos und Tomaten im Mixer pürieren.
◆ Das Öl in einer großen, schweren Kasserolle erhitzen und den Reis unter ständigem Rühren goldgelb braten. Die Tomatenmischung, die Gewürze und die Hühnerbrühe zufügen. Unter ständigem Rühren zum Kochen bringen. Wenn der Reis die gesamte sichtbare Flüssigkeit absorbiert hat (10–20 Min.), die Erbsen hinzufügen und kurz umrühren. Dann den Topf fest verschließen und den Reis bei kleinster Hitze weitere 20 Min. ziehen lassen.

ARROZ CON POLLO

(Hähnchen mit Reis)

FÜR 4 PERSONEN

1 ca. 1,5 kg schweres Hähnchen
Zutaten wie für das Grundrezept Spanischer Reis
auf der linken Seite

◆ Das Hähnchen in mundgerechte Stücke zerteilen. Diese braten, bis sie golden sind. Aus der Pfanne nehmen, abtropfen lassen und beiseite stellen. Im selben Öl Zwiebeln mit dem Knoblauch anbraten. Abtropfen lassen und zusammen mit den Tomaten, der Hühnerbrühe und den Gewürzen zu den Hähnchenstücken geben. Zum Kochen bringen und $^1/_2$ Std. köcheln lassen.
◆ In der Zwischenzeit den Reis in demselben Öl goldbraun braten; sollte es inzwischen zu wenig Öl sein, etwas hinzufügen, beim Braten häufig umrühren. Den Reis zu dem Hähnchen geben, gut umrühren und wieder zum Kochen bringen. Weiter wie im Grundrezept für Spanischen Reis vorgehen. Die Erbsen können weggelassen werden.

PAELLA

FÜR 4–6 PERSONEN

◆ Statt Hähnchen oder anderem Geflügel oder auch zusätzlich enthält Paella einige oder sämtliche folgende Zutaten: Krabben oder Garnelen (mit oder ohne Schale), Austern oder andere zweischalige Muscheln, Schnecken, feingeschnittenes Schweinefleisch, kleine Krabben, Langusten, Fisch und andere Zutaten nach Belieben. Alles wird zusammen mit der Brühe zu dem gebratenen Reis gegeben und langsam gegart. Von Zeit zu Zeit muß man den Topf verschließen oder den Deckel abnehmen, je nach dem, ob das Gericht zu trocken oder zu flüssig wird.

GEGENÜBERLIEGENDE SEITE: Paella.
OBEN: Arroz con Pollo.
RECHTS: Gitarrenspieler in Mexiko City.

SALSA

*»Salsa« bedeutet soviel wie Soße, aber in Ermangelung anderer Begriffe
versteht man darunter normalerweise Salsa Cruda, also »ungekochte
Soße«, die ebenso auf den Tisch gehört wie Pfeffer und Salz. Häufig
wird sie zu Maischips als Dip angeboten, aber man kann sie praktisch zu
jedem pikanten Gericht reichen: zu Omelettes, Chiles Rellenos oder
Fleisch. Die meisten Salsas Crudas werden noch besser und schärfer,
wenn man Sie über Nacht in den Eisschrank stellt. Die Basiszutaten, die
in verschiedenen Kombinationen zusammengestellt werden, sind folgende: frische oder getrocknete Chilis, Zwiebeln, Tomaten sowie Tomatillos,
Knoblauch und Cilantro (Koriander). Nach Geschmack können auch
Oregano, Essig und Olivenöl hinzugefügt werden.*

◆

FRISCHE SALSA

**1 kleine Handvoll Korianderblätter
1 große Zwiebel, rot oder weiß
650 g Dosentomaten
1–4 Knoblauchzehen
2 Serrano-Chilis oder 1 Jalapeno-Chili**

◆ Den Koriander waschen und die harten Stengel und Wurzeln entfernen. In der europäischen Küche würde man wahrscheinlich nur
einen Teelöffel gehackten Koriander verwenden, während ein
Mexikaner mit Sicherheit einen halben Bund in die Salsa gibt.

◆ Die Zwiebeln und die Tomaten fein, den Knoblauch, die Chilis
und den Koriander sehr fein hacken. Alles in eine große Schüssel
geben, mit der Hand verkneten und kräftig reiben, damit alles gut
vermischt wird und sich das Aroma entwickelt.

◆ Man kann auch mit der Küchenmaschine arbeiten. Zuerst den
Knoblauch und die Chilis zerkleinern, dann die Zwiebel hinzufügen,
schließlich die übrigen Zutaten unterrühren. Traditionell wird die
Salsa mit Stößel und Mörser hergestellt.

SALSA-VARIANTEN

➤ Ein oder zwei Poblano- oder Anaheim-Chilis über einer offenen
Flamme rösten, wenn sie rundherum schwarz sind, die Haut abziehen. Kerne und Innenhaut entfernen, zerkleinern und der Salsa hinzufügen.

➤ Frische Tomaten statt Konserven verwenden: entweder häuten,
nachdem sie für $^1\!/_2$ Min. in heißes Wasser getaucht wurden, oder die
Schalen mit verwenden. Nach Belieben die Kerne entfernen oder in
die Soße geben.

➤ Für eine dickere Salsa eine Dose zerkleinerte Tomaten und
zusätzlich Tomatenmark verwenden.

➤ Nach Belieben folgende Zutaten hinzufügen: 1 Prise Oregano,
und/oder 1 EL Essig oder Limonensaft, und/oder 1 EL Olivenöl.

➤ Frische Koriandersamen sind eine köstliche Zutat zur Salsa – ein
guter Grund, eigenen Koriander zu züchten.

➤ In Ermangelung frischer Serrano-Chilis eine rote Chili kleinschneiden und zusammen mit dem Knoblauch und etwas Wasser
zerreiben. Eine Weile ziehen lassen und dann diese Paste mit den
Tomaten, der Zwiebel und dem Koriander der Salsa zufügen.

➤ Die einfachste Version einer Salsa erhalten Sie, wenn Sie einer
Dose Tomatensoße die oben beschriebene Chili-Knoblauch-Paste
zufügen.

SALSA VERDE

(Grüne Soße)

*Die Salsa Verde ist ebenfalls eine kaltangerührte Soße, aber sie ist
gewöhnlich schärfer als die Salsa Cruda. Sie eignet sich gut, um einfache, schwere Speisen zu würzen, hat aber auch in der anspruchsvolleren
Küche ihren festen Platz. Als Dip verwendet, sollte sie sparsam dosiert
werden! Diese Soße ist wirklich höllisch scharf.*

◆

FÜR 2 TASSEN

**300 g Dosentomatillos
1 kleine weiße Zwiebel
2–4 Serrano-Chilis
2–4 Knoblauchzehen
1 EL frisch gehackter Koriander**

◆ Alle Zutaten in die Küchenmaschine geben. Diese Soße sollte sehr
fein püriert werden. Oder alles sehr fein zerkleinern, dafür Stößel
und Mörser benutzen.

◆ Werden frische Tomatillos verwendet, muß die äußere trockene
Schale entfernt werden. Auf keinen Fall dürfen die Früchte gehäutet
und entkernt werden – es würde dann nichts mehr von ihnen übrig
bleiben. Die Koriandermenge kann nach Belieben erhöht werden.
Eine echte Salsa Verde besteht ausschließlich aus Tomatillos, Chilis
und Koriander.

GUACAMOLE

Neben der Salsa Cruda und der Salsa Verde ist die Guacamole die drit-
te bekannte Dip-Soße. In ihrer einfachsten Form ist sie nichts weiter als
Avocadopüree, aber jeder hat schließlich seine eigenen Vorstellungen,
wie pürierte Avocado am besten schmeckt. Wenn Sie Guacamole
machen, dann bitte eine große Portion: Sie ist so köstlich, daß nur eini-
ge Löffelchen den Genießer eher quälen als zufriedenstellen. Das unten
beschriebene Gericht, das mit Maischips serviert wird, reicht (knapp) für
vier Personen.

◆

GRUNDREZEPT GUACAMOLE

FÜR 4 PERSONEN

¹/₂ getrocknete rote Chili, vorzugsweise Arbol
1 Knoblauchzehe
2 große oder 4 kleine Avocados, sehr reif

◆ Die Chili entkernen und zerkleinern, in einem Mörser mit dem
Knoblauch und 1–2 EL Wasser zerstoßen. 5–10 Min. ziehen lassen.
Die Avocados mit einem Kartoffelstampfer pürieren. Die Chili-
Knoblauch-Paste durch ein Teesieb passieren und dazugeben. Diese
Soße eignet sich gut als Dip. Möchten Sie die Guacamole als Beilage
reichen, können Sie die Knoblauch- und Chilimenge verdoppeln.

GUACAMOLE AL GUSTO

FÜR 4 PERSONEN

Grundzutaten wie oben
1 mittelgroße Tomate
¹/₂ kleine weiße Zwiebel
1 EL gehackter Koriander
Salz

◆ Tomate schälen, entkernen und hacken. Die Zwiebel in einer
Küchenmaschine fein zerkleinern. Diese Zutaten zur Guacamole
geben und nach Belieben salzen. Das Grundrezept kommt ohne Salz
aus.
◆ Weitere Varianten: Die rote Chili oder den Knoblauch oder beides
weglassen und statt dessen eine fein zerkleinerte Serrano-Chili zufügen. Man kann auch gehackten Koriander unterrühren. Keine dieser
Varianten ist besser als die anderen, nur die Geschmacksrichtung
ändert sich.

GEGENÜBERLIEGENDE SEITE:
Carnaditas con Salsa Verde.
OBEN, RECHTS: Guacamole.
Links: Auf dem Markt von Toluca werden frische
Knoblauchzehen abgewogen.

GEKOCHTE SALSAS

Die zwei wichtigsten gekochten Salsas sind Salsa de Jicamate (Tomatensoße) und Mole Verde (grüne oder Tomatillo-Soße). Beide gibt es in Dosen zu kaufen, aber es ist nicht besonders schwierig, sie herzustellen, und sie schmecken selbstgemacht viel besser. Sollten Sie gezwungen sein, auf Konserven zurückzugreifen, braten Sie zumindest eine kleine Zwiebel und Knoblauch in Olivenöl und geben dann die Fertigsoße dazu. Die Zwiebel und der Knoblauch können die Soße zwar erheblich verbessern, aber mit frisch gekochter Soße ist eine solche Mischung natürlich nicht vergleichbar.

◆

SALSA DE JICAMATE

(Grundrezept Tomatensoße)

FÜR 1 L

650 g Dosentomaten, gehackt
170 g Tomatenmark
2 große Zwiebeln, fein gehackt
5–10 Knoblauchzehen
2–4 Serrano-Chilis
200 ml Rotwein oder Sherry
je 1 Zweig Petersilie, Salbei, Rosmarin, Thymian, Oregano
Salz und Pfeffer nach Belieben
Olivenöl zum Braten
Zucker (nach Belieben)
Koriander

◆ Zwiebeln und Knoblauch in 2–3 EL Olivenöl braten. Wenn sie weich und goldbraun sind, die Serranos, Tomaten, Tomatenmark, Wein, Kräuter und Gewürze zufügen. Zucker zugeben, falls die Soße zu scharf ist. Dies hängt vom Wein und von den Tomaten ab, meist wird man jedoch keinen Zucker benötigen. 15–30 Min. köcheln lassen. 1–2 Min. vor Ende der Kochzeit den Koriander zugeben.

◆ Der Wein kann weggelassen werden. Dann sollte man aber auch kein Tomatenmark verwenden.

MOLE VERDE

(Grüne Soße)

FÜR 1 L

300 g Dosentomatillos
5 große frische Chilis (Anaheim oder Poblano)
60 g fein gehackte Zwiebeln
3 Maistortillas, in kleine Stücke zerpflückt
1–4 Knoblauchzehen
100 g Spinat, frisch oder tiefgefroren (nach Belieben)
750 ml Hühnerbrühe

◆ Die Chilis wie auf den Seiten 12–13 beschrieben zubereiten. Schälen, Kerne und Innenhaut entfernen, grob hacken.

◆ Tomatillos abtropfen lassen. Mit allen anderen Zutaten (außer der Hühnerbrühe) in einen Mixer geben und pürieren. Möglicherweise sind mehrere Arbeitsgänge notwendig, es sei denn, der Mixer ist sehr groß.

◆ Das Püree unter die Brühe rühren. Diese Mischung ungefähr eine Stunde lang köcheln lassen. Nach Geschmack würzen. Mehr Hühnerbrühe zugeben, wenn die Soße zu dick wird.

SCHWEINEFLEISCH UND HÄHNCHEN IN MOLE VERDE

FÜR 4–6 PERSONEN

1,5 kg Schweinefleisch
1 kg Hähnchenschenkel
1 Portion Grüne Soße (siehe oben)

◆ Rippchen (nach Western-Art, also die dicken Fleischrippen) eignen sich sehr gut für dieses Gericht. Man rechnet ungefähr eine große Scheibe (mit einer Rippe) pro Person. Jedes andere relativ magere Schweinefleisch kann man ebenso verwenden. In Würfel von ungefähr 5 cm Kantenlänge schneiden. Man kann natürlich auch jede ander Fleischsorte verarbeiten, aber Schweine- und Hähnchenfleisch schmecken besonders gut zusammen.

◆ Das Fleisch kochen, bis es ganz weich ist, mindestens 1 Std. lang, aber auch 2 Std. sind nicht zuviel. Bei den Rippchen sollte das Fleisch sich vom Knochen lösen. Nach dem Kochen kurz in Öl braten, die braune Farbe macht das Fleisch appetitlicher, obwohl dieser letzte Schliff eher kosmetische als kulinarische Bedeutung hat.

◆ Das Fleisch mit der Soße bedecken und in den nicht vorgeheizten Backofen stellen. Die Temperatur auf 100° einstellen und das Gericht 1 Std. oder länger im Ofen lassen. Wichtig ist, daß alles gut heiß wird und sich die Aromen mischen, ohne daß die Soße anbrennt. Dieses Gericht eignet sich hervorragend zum Einfrieren und Wiederaufwärmen.

GEGENÜBERLIEGENDE SEITE:
Frisches Gemüse auf dem Markt von Toluca.
KLEINE ABBILDUNG: Schweinefleisch und Hähnchen in Mole Verde.

ANDERE SOSSEN

Es gibt noch weitere, auf Essig basierende Soßen, die eine Mischung aus Salsa und Chutneys sind. Sie werden entweder als Marinade verwendet oder mit mehr Essig verdünnt wie für Fisch in Escabeche oder einfach als Beilage serviert. Von den drei folgenden Rezepten ist das für die Adobo-Soße am zeitaufwendigsten, die Soße ist jedoch, im Eisschrank aufbewahrt, monatelang haltbar. Wenn man dann schließlich neue benötigt, hat man die Mühe bei der Zubereitung längst vergessen, die Erinnerung an den köstlichen Geschmack aber wird noch sehr lebhaft sein.

ADOBO SOSSE

FÜR ¹/₂ TASSE

4 mittelgroße getrocknete Ancho-Chilis (60 g)
6 mittelgroße, getrocknete Guajillo-Chilis (45g)
8 Knoblauchzehen, ungeschält
10 schwarze Pfefferkörner
1–1,5 cm Stangenzimt
2 große Lorbeerblätter, gehackt
¹/₂ TL getrockneter Oregano
¹/₂ TL getrockneter Thymian
3 EL Wein- oder Apfelessig
2 ganze Gewürznelken
1 große Prise Kreuzkümmel
1–2 TL Salz

◆ Die getrockneten Chilis wie auf Seite 12–13 beschrieben zubereiten, rösten und einweichen. Falls Sie keine Guajillos finden, nur Anchos oder Pasillas verwenden. California- oder New-Mexico-Chilis ergeben einen viel milderen Geschmack.

◆ Den ungeschälten Knoblauch in einer schweren Bratpfanne »trocken«, also ohne Öl braten. Häufig wenden. Nach 10–15 Min. wird der Knoblauch sehr weich sein, und die geschwärzte Haut, die Blasen wirft, kann leicht entfernt werden. Die Zehen erst abkühlen lassen!

◆ Zimt, Nelken, Pfefferkörner, Lorbeerblätter und Kümmel im Mörser zermahlen. Das Aroma frisch gemahlener Gewürze ist unvergleichlich intensiver als das industriell gemahlener.

◆ Die Chilis abtropfen lassen, dann zusammen mit den Kräutern und Gewürzen, dem geschälten Knoblauch, dem Essig und sehr wenig Wasser in einen Mixer geben – höchstens ein paar Teelöffel Wasser zugeben.

◆ Jetzt wird es mühsam. Diese Mischung muß zu einer glatten Paste verrührt werden. Sie müssen den Mixer alle paar Sekunden ausstellen, um die Masse wieder nach unten zu den Schneidemessern zu schieben. Möglicherweise fehlt auch noch ein Teelöffel Wasser. Vorsicht, *nicht* zuviel Wasser zugeben, sonst wird die Soße dünn und wässrig. Es kann 5–10 Min. dauern, bis die Soße einigermaßen glatt ist, aber mit dem Mixer geht es erheblich einfacher als auf die traditionelle Weise mit Stößel und Mörser.

◆ Schließlich muß die Paste noch durch ein rostfreies Sieb passiert

werden, eine ebenfalls mühsame Angelegenheit, die viel Zeit in Anspruch nimmt. Am einfachsten geht es, wenn man einen Stößel verwendet und damit den Brei durch das Sieb drückt. Das Ergebnis ist dann eine glatte, cremige Soße. Übrig bleibt die scharfe Fruchtfleischmasse, die weggeworfen wird. Jetzt kann die fertige Soße in den Eisschrank gestellt werden. Wichtig: In ein Glas mit Plastikverschluß füllen, da die Soße mit Metall heftig korrodiert.

PUERCO ADOBADO

◆ Schweinekoteletts dick mit Adobo-Soße bestreichen.
◆ Über Nacht ziehen lassen (das Fleisch am besten in eine Plastiktüte geben).
◆ Die Koteletts am nächsten Tag nach Belieben im Backofen oder über dem Holzkohlengrill braten oder grillen.

RECADO DE BISTECK

Diese Soße ist erheblich einfacher herzustellen als die Adobo-Soße. Trotz des Namens wird sie nicht nur für Beefsteak (bisteck), sondern für viele andere Gerichte verwendet. So eignet sie sich zum Beispiel hervorragend als Soße für Fisch in Escabeche (siehe Seite 54); man kann auch einen Rinderbraten mit der Paste bestreichen und das Fleisch über Nacht im Eisschrank ziehen lassen. Das Fleisch wird köstlich. Wenn Sie sich der Mühe unterziehen, die Soße selbst zu rühren, denken Sie bitte daran: ganze Gewürze benutzen. Bereits gemahlene haben viel weniger Aroma.

◆

FÜR ¹/₂ TASSE

24 Knoblauchzehen
2 TL schwarze Pfefferkörner
¹/₂ TL Nelkenpfeffer (Piment)
¹/₂ TL ganze Gewürznelken
¹/₂ TL Kreuzkümmel
1 EL getrockneter Oregano
1 TL Salz
2 EL Wein- oder Apfelessig
1 TL Mehl

◆ Die ungeschälten Knoblauchzehen wie für die Adobo-Soße »trocken« braten.

◆ Schwarzen Pfeffer, Nelkenpfeffer, Gewürznelken, Kümmel und Oregano mahlen.

◆ Den Knoblauch schälen und fein hacken, anschließend in einem großen Mörser zusammen mit den Gewürzen zerreiben. Wenn alles gut vermischt ist, Essig und Mehl einarbeiten. Über Nacht in einem verschlossenen Glasgefäß ruhen lassen, damit alles gut durchziehen kann.

OBEN: Zutaten für die Adobo-Soße.
UNTEN: Puerco Adobado.

ESCABECHE

◆◆◆◆◆◆◆◆◆◆◆◆◆◆◆◆◆◆◆◆◆◆◆◆◆◆

FÜR 3 TASSEN

**6 eingelegte gelbe Peperoni,
entkernt und in Streifen geschnitten
2 große grüne Paprikaschoten, entkernt, von der Innenhaut
befreit und in Streifen geschnitten
2 große weiße Zwiebeln, in Scheiben geschnitten
2 oder mehr Knoblauchzehen, fein gehackt
450 ml Essig
1 TL Salz
1/2 TL Oregano
2 Lorbeerblätter
1/4 TL schwarzer Pfeffer aus der Mühle
1 Prise Kümmel**

◆ Paprikaschoten, Zwiebeln und Knoblauch in Öl braten, bis sie weich sind. Die restlichen Zutaten zufügen und zum Kochen bringen. Sobald die Sofse zu kochen beginnt, von der Kochstelle nehmen und abkühlen lassen. Dies ist eine typische Escabeche für Fischgerichte. Soll die Sofse zu Fleisch oder Geflügel gereicht werden, nicht mehr als 2 EL Öl verwenden.

VORSPEISEN UND SNACKS

Die Unterschiede zwischen einer Vorspeise, einem Snack und einer leichten Mahlzeit sind unscharf, die meisten der folgenden Gerichte können beliebig verwendet werden oder sogar, bei ausreichender Menge, als Hauptgericht dienen. In Mexiko ist Queso Fundido in vielen Restaurants eine typische Vorspeise, unter Chili con Queso versteht man einen Dip, und Quesadillas sind eher ein Snack.

◆

GRUNDREZEPT QUESO FUNDIDO

◆ Für ein oder zwei Portionen eine kleine, feuerfeste Schüssel bei 200° im Backofen erhitzen. Wenn sie heiß ist, mit Käsewürfeln füllen (z. B. Cheddar) und wieder in den Ofen schieben, bis der Käse ganz geschmolzen ist. Das dauert etwa 5–10 Min. Mit heißen Maistortillas und Salsa Cruda servieren. Einen Hauch von Luxus bekommt das Gericht durch einen oder zwei Schuß Brandy, die dem Käse kurz vor dem Schmelzen beigegeben werden.

CHILI CON QUESO

FÜR 2 PERSONEN

1 mittelgroße Zwiebel, fein gehackt
2 EL/30 g Butter
250 g Dosentomaten, gehackt
1–3 Serrano-Chilis
3 Tassen geriebener Cheddarkäse
120 ml saure Sahne (nach Belieben)

◆ Die Zwiebel bei schwacher Hitze in der Butter braten, bis sie glasig ist. Tomaten und Chilis hinzufügen, unter häufigem Umrühren köcheln lassen, bis die Masse dick wird. Unter Rühren den Käse hinzufügen und schmelzen lassen. Soll der Dip dünnflüssiger werden, die saure Sahne zugeben.

OBEN, LINKS: Auf dem Markt von Inchitan. OBEN, RECHTS: Chili con Queso.
GEGENÜBERLIEGENDE SEITE: Quesadillas Sincronizadas.

QUESADILLAS

◆◆◆◆◆◆◆◆◆◆◆◆◆◆◆◆◆◆◆◆◆◆◆◆

*Quesadillas sind als Snack besonders einfach herzustellen, sehr preis-
wert, überraschend sättigend und ausgesprochen schmackhaft.
Sie bestehen lediglich aus Tortillas mit einer Füllung aus geschmolzenem Käse. Am besten eignet sich hierfür Oaxaca, aber auch Mozzarella
oder Cheddar kann man verwenden.*

◆

◆ Eine Tortilla in einer fast trockenen (fettfreien) Pfanne (oder auf
einem runden Backblech) braten, bis sie weich ist, umdrehen und
eine Handvoll geriebenen Käse in die Mitte geben, zusammenklappen und weiterbraten, dabei gelegentlich wenden, bis der Käse
geschmolzen ist.

◆ Quesadillas Sincronizadas oder »synchronisierte Quesadillas«
werden genauso hergestellt, nur werden hier zwei Quesadillas mit
geschmolzenem Käse zusammengeklebt und dann zum Servieren in
Viertel geschnitten.

◆ Wenn Quesadillas aus rohem Tortillateig hergestellt werden, kann
man die Ränder wie bei einer normalen Quesadilla zusammenlegen
und das Ganze in viel Fett braten.

EMPANADAS

Empanadas sind kleine süße oder herzhafte Pasteten. Wie so oft bestimmt auch hier die Phantasie, aber auch die vorhandenen Reste den Geschmack des Gerichts. Hier ein Grundrezept für herzhafte Empanadas.

FÜR 4 PERSONEN

500 g Mürbeteig
250 g Rinderhackfleisch
1 mittelgroße Zwiebel
1 kleine Paprikaschote, rot oder grün
2 mittelgroße Tomaten
1 EL kernlose, weiße Rosinen
1 getrocknete rote Chili (z.B. Arbol)
¹/₂ TL Kreuzkümmel
2 EL Olivenöl
Pfeffer und Salz

◆ Tomaten häuten, entkernen und hacken. Paprikaschoten von Kernen und Innenhaut befreien und kleinschneiden, Zwiebel ebenfalls fein hacken. Alles zusammen in Öl braten, bis das Gemüse weich ist. Das Hackfleisch hinzufügen und braten, bis es braun und krümelig ist.

◆ Die getrocknete Chili zerbröseln. Den Kreuzkümmel ganz verwenden. Aromatischer wird er, wenn man im Mörser zermahlt. Die getrocknete Chili, den Kümmel und die Rosinen zu der Mischung in die Pfanne geben. Nach Geschmack würzen und weitere 10 Min. köcheln. Zum Abkühlen beiseite stellen.

◆ Den Teig in acht Kreise von 12 cm Durchmesser ausrollen. Die Füllung gleichmäßig auf dem Teig verteilen, Füllung immer auf die eine Hälfte geben, dann die andere darüberklappen und die Ränder andrücken. Vorsicht: nicht zuviel Füllung auf den Teig geben!

◆ Im vorgeheizten Backofen (190°) backen, bis die Pasteten goldbraun sind. Heiß servieren. Man kann die Empanadas auch auf Vorrat backen und einfrieren.

TOSTADAS

Die großen, schüsselförmigen Tostadas Grandes werden aus einer tiefgefrorenen Tortilla hergestellt und mit Fleisch, Bohnen, Salat u.s.w. gefüllt. Sie sind nicht typisch mexikanisch. Die echte mexikanische Tostada Compuesta besteht aus den gleichen Zutaten, ist aber kleiner und einfacher. Bei einer langen Comida besteht gewöhnlich ein Gang aus einer Tostada, bei einer Merienda hingegen wäre es nicht ungewöhnlich, mehrere Tostadas zu bestellen.

Man kann die Tostadas nach Belieben garnieren. Im folgenden Rezept ergänzen Hähnchen und saure Sahne die Standardbeilage Bohnen und Salat.

HÄHNCHEN-TOSTADA

FÜR 6 PERSONEN

6 normalgroße Tortillas
Öl oder Schmalz zum Braten
1 kleine Hähnchenbrust, ohne Haut und Knochen
¹/₂ Kopf Salat
3 Tomaten
500 g gebackene Bohnen
100 ml saure Sahne
Garnierungen nach Belieben

◆ Hähnchenbrust solange kochen, bis sie weich genug ist, um mit zwei Gabeln zerteilt zu werden. Das kann bis zu 1 Std. dauern; zerkleinern.

◆ Die Tortillas in dem Öl oder Schmalz braten, bis sie knusprig sind.

◆ Dann jeweils mit einer Portion Bohnen (2–3 EL pro Tortilla) belegen. Darauf ein Sechstel des Hähnchenfleisches geben, es folgt eine Portion in mundgerechte Stücke zerpflückter Salat, Tomatenscheiben und saure Sahne. Das Ganze kann noch nach Belieben garniert werden: z.B. mit in Scheiben geschnittenen roten Zwiebeln oder Lauchzwiebeln, mit Avocadoscheiben, Oliven oder mit einer Prise Paprika.

OBEN: Empanadas.
LINKS: Hähnchen-Tostada.
GEGENÜBERLIEGENDE SEITE: Herstellung von Tortillas auf dem Markt von Toluca.

HUEVOS

(Eier)

Neben ihrer Verwendung in Soßen oder Desserts sind Eier die Grundlage zahlreicher herzhafter Speisen für die Merienda bzw. für das zweite Frühstück. In Deutschland eignen sich diese Gerichte gut für einen Brunch.

◆

HUEVOS RANCHEROS

(Eier nach Western-Art)

»Eier nach Western-Art« werden in den Restaurants in sehr unterschiedlicher Qualität und Quantität angeboten. So werden sie z.B. in Südkalifornien aus Rühreiern hergestellt. Das Grundrezept für eine Person sieht folgendermaßen aus:

◆

FÜR 1 PERSON

2 kleine (10 cm) Tortillas
2 Eier
Salsa Ranchera (siehe unten) oder eine andere Salsa
Refritos (gebackene Bohnen)

◆ Wenn man nur große Tortillas bekommen kann, werden aus diesen Kreise ausgestochen. Das geht z.B. sehr gut mit einer scharfkantigen kleinen Schüssel. Oder man benutzt eine Tasse und schneidet den Teig rund um die Tasse mit einem Messer aus.

◆ Die Tortillas nach Geschmack braten. Manche mögen sie eher weich, andere knusprig. Nebeneinander auf einen Teller legen, zwei

Spiegeleier braten und diese auf die Tortillas legen. Nach Belieben Salsa zufügen und die Bohnen als Beilage servieren.

◆ Man kann auch die Bohnen auf die Tortilla geben und auf diese dann die Eier.

SALSA RANCHERA

2 EL Olivenöl
1/2 Dose Tomaten, abgetropft und zerdrückt
Zucker nach Belieben
2–4 Jalapeno-Chilis, in Scheiben geschnitten
1 EL Weinessig
Salz und Pfeffer nach Belieben

◆ Die Tomaten in dem Olivenöl zu einem dicken Püree einkochen und nach Geschmack würzen. Sollte die Soße zu scharf geraten sein, Zucker hinzufügen. Von der Kochstelle nehmen, die kleingeschnittenen Chilis und den Essig zu der Tomatensoße geben und alles gut verrühren. Über Nacht im Eisschrank ruhen lassen.

TORTILLA DE HUEVO

Dieses Rezept hat nichts mit einer normalen mexikanischen Tortilla zu tun, es stellt vielmehr ein mexikanisches Omelette dar. Es folgt das Grundrezept, das man, je nach Geschmack und Budget, mit Krabben, gewürfeltem Hähnchenfleisch etc. anreichern kann. Garniert wird die Tortilla de Huevo mit Avocado oder Guacamole.

◆

FÜR 2 PERSONEN

2 Frühlingszwiebeln, gehackt
2 Serrano-Chilis, fein gehackt
2 EL Schmalz oder Butter zum Braten
1 kleine Tomate, gehackt
8 Eier
4 EL Wasser
Salz und Pfeffer nach Belieben

◆ Zwiebeln und Chilis braten, bis sie goldbraun sind. Die Tomate hinzufügen und bei geringer Hitze 3–5 Min. köcheln lassen. Gelegentlich umrühren.

◆ Die Eier mit dem Wasser aufschlagen und zu der Mischung in der Pfanne geben. Bei niedriger Hitze stocken lassen, zusammenklappen und servieren.

LINKS: Huevos Rancheros.
GEGENÜBERLIEGENDE SEITE: Indianer vom Stamm der Tartahumara in Chihuahua.

HUEVOS REVUELTOS

(Rührei)

Die Mexikaner lieben Rührei mit Fleisch, z.B. mit einer kleinen Chorizo, mit Schinken oder sogar mit Machomo (Rezept siehe unten). Die Huevos Revueltos ergeben einen üppigen Brunch für vier Personen. (Der Champagner ist nicht unbedingt notwendig, paßt aber sehr gut zu dieser schweren, reichhaltigen Mahlzeit.)

◆

FÜR 4 PERSONEN

15 Eier
Salz und Pfeffer
60 g Butter
1 Dose (oder die entsprechende Menge) gebackene Bohnen
Kopfsalat in mundgerechte Stücke zerpflückt,
und anderen Salat zur Dekoration
Weizenmehltortillas
1 Flasche Champagner

◆ Eier gut verquirlen und nach Geschmack mit Salz und Pfeffer würzen.

◆ Für einfaches Rührei die Butter schmelzen und die Eier hineinrühren: nicht zu fest werden lassen, sie sollten eine eher cremige Konsistenz haben.

◆ Mit Bohnen, Salat und Tortillas servieren... und mit Champagner.

VARIANTEN

1–2 in Scheiben geschnittene Jalapeno-Chilis,
frisch oder eingelegt
ca. 150 g Schinken
ca. 200 g Chorizo
ca. 150 g geräucherter Fisch
1 Handvoll Machomo (siehe unten)

◆ Für die Chorizo-Variante benötigt man nur ein Viertel der Butter. Die Wurst häuten, kleinschneiden und braten. Es wird mehr als genug Fett zum Braten des Rührei austreten. Hitze reduzieren und die Eier (nach Belieben auch die Chilis) hinzugeben. Rühren, bis die Eier stocken. Diese Masse wird nicht cremig sein.

◆ Für die Schinken-Variante benötigt man die gesamte Buttermenge. Die Schinkenscheiben werden in Streifen geschnitten, größere Schinkenstücke in Würfel. 1/2 Min. bei niedriger Hitze braten. Eier zufügen und bis zum Stocken rühren. Nach Belieben cremig oder fest werden lassen. Chilis nach Geschmack hinzufügen oder weglassen.

◆ Bei der Fisch-Variante ist es günstiger, die Masse cremig werden zu lassen. Den zerkleinerten Fisch nach den Eiern in die Pfanne geben, nicht vorher braten.

◆ Für die Machomo-Variante die Buttermenge um die Hälfte erhöhen, man kann sogar die doppelte Menge verwenden. Machomo und Eier gleichzeitig in die Pfanne geben. Machaca schmeckt ganz ähnlich wie Machomo, wird aber nicht aus Fisch, sondern aus getrocknetem Fleisch hergestellt.

MACHOMO

Machomo paßt nicht nur gut zu Eiern, sondern eignet sich auch ausgezeichnet als Füllung für Tacos und Burritos. In eine Plastiktüte verpackt, ist es im Eisschrank mehrere Tage haltbar.

◆

FÜR 200–300 G

450 g Rindfleisch
2 Knoblauchzehen
6 Pfefferkörner
1 Gewürznelke
1 Lorbeerblatt
2 kleine Zwiebeln
1 EL Schmalz

◆ Das Rindfleisch in etwa 5 cm große Würfel schneiden. In einen Topf geben und knapp mit Wasser bedecken. Außer einer der Zwiebeln und dem Schmalz alle Zutaten hinzufügen. Zum Kochen bringen und sieden lassen, bis das Rindfleisch mit zwei Gabeln zerteilt werden kann.

◆ Die Brühe abschütten (die Gewürze daraus entfernen) und für eine andere Mahlzeit aufheben.

◆ Das Rindfleisch so fein wie möglich zerkleinern. Die Zwiebel kleinschneiden. Das Schmalz in einem Tiegel oder einer Pfanne schmelzen und die Zwiebel darin goldbraun braten. Das zerkleinerte Rindfleisch dazugeben und unter ständigem Rühren mitbraten. Das Rindfleisch wird allmählich trocken werden. Wenn es nach etwa 10 Min. knusprig oder zumindest sehr trocken ist, ist der Machomo fertig.

GEGENÜBERLIEGENDE SEITE: Machomo.

CHILES RELLENOS

◆◆◆◆◆◆◆◆◆◆◆◆◆◆◆◆◆◆◆◆◆◆◆◆◆◆◆◆◆◆◆◆◆◆◆◆◆◆◆

(Gefüllte Chilis)

Das klassische mexikanische Rezept Chiles Rellenos zuzubereiten, hat absolut nichts mit dem spanischen Gericht gleichen Namens zu tun. Man verwendet Anaheim- oder Poblano-Chilis, keine Paprikaschoten. Sie werden mit Käse und nicht mit einer Reis-Fleisch-Mischung gefüllt. Außerdem sind sie von einem Eierteig umhüllt und fritiert und nicht im Backofen gebacken. Vier Personen können als Hauptgang leicht ein Dutzend verzehren, und die Zubereitung ist recht zeitaufwendig, wenn man mit frischen Chilis kocht. Andererseits sind Chilis aus der Dose nicht halb so gut wie frische. Nur bei großer Zeitnot auf Konserven zurückgreifen. Erst wer die frischen probiert hat, weiß, was er bei Dosenchilis verpaßt.

◆

FÜR 4 PERSONEN

12 Anaheim- oder Poblano-Chilis
450 g Cheddar
100 g Mehl
6 Eier
Öl oder Schmalz zum Braten

◆ Die Chilis wie auf Seite 12–13 beschrieben rösten und häuten. Die Chilis vorsichtig, ohne sie zu zerbrechen, seitlich aufschneiden und Kerne und Innenhaut entfernen. Jede Chili mit einem Stück Käse füllen, wenn nötig, den Käse am Ende flach zuschneiden. Die gefüllten Chilis in Mehl wälzen.

◆ Eigelb und Eiweiß trennen und getrennt schlagen, das Eiweiß sollte sehr steif sein. Beides wieder zusammengießen und schnell umrühren.

◆ Die Chilis in die Eimasse tauchen. Darauf achten, daß sie gleichmäßig mit dem Ei bedeckt sind. In eine Pfanne 3 cm hoch Fett oder Öl geben und die panierten Chilis darin braten. Bis zum Servieren im Ofen warm stellen.

◆ Mit gebackenen Bohnen und einfachem, gewürztem Reis servieren. Der Reis kann nach Belieben auch aufwendiger zubereitet sein.

GEFÜLLTE PAPRIKASCHOTEN

Diese »Neue Welt«-Version von Chiles Rellenos mit Paprikaschoten, Fleisch und Reis ist in der »Alten Welt« ebenso beliebt.

◆

FÜR 4 PERSONEN

3 dünne Scheiben Frühstücksspeck, gewürfelt
1 EL Olivenöl
1 kleine Zwiebel, gehackt
225 g Rinderhack
450 g mexikanischer Reis (Rest vom Vortag, gekocht)
4 große grüne Paprikaschoten

◆ Den Speck in etwas Öl auslassen, in dem Fett die Zwiebel und das Hackfleisch braten. Wenn das Fleisch gar ist, den Reis zugeben und erhitzen.

◆ Von den Paprikaschoten einen Deckel abschneiden und Kerne und Innenhaut entfernen. Die Reismischung in die Schoten füllen, nach Belieben über den Rand quellen lassen. Bei 200° im Backofen schmoren, bis die Paprikaschoten nach etwa 30–40 Min. gar sind.

GEGENÜBERLIEGENDE SEITE: Chiles Rellenos.
OBEN: Gefüllte Paprikaschoten. UNTEN: Oaxaca.

VORSPEISEN AUS FLEISCH

Die unglaubliche Menge Fleisch in einigen mexikanischen Gerichten finden viele Menschen erstaunlich. Die beiden folgenden Vorspeisen sind für ausgesprochene Fleischfans gedacht!

◆

ALBONDIGUITAS

Die Fleischbällchen, die auch Grundlage der berühmten Albondigas-Suppe (Seite 47) sind, können nicht nur nach der unten beschriebenen Methode, sondern auch nach vielen anderen Rezepten hergestellt werden. Werden sie fritiert, kann man sie als Snack oder Fleischgericht servieren, in einer Tomatensoße oder in einer Boleta (mexikanisches Brötchen) als Torta. Die Torta ist das mexikanische Gegenstück zum amerikanischen »U-Boot«-Sandwich. Wer einen kleinen Kulturschock gelassen in Kauf nimmt, kann sie auch sehr gut zu Spaghettisoße reichen.

◆

FÜR 12 FLEISCHBÄLLCHEN

450 g mageres Rinderhackfleisch
350 g Schweinehackfleisch
120 g gekochter Reis
1 kleine Zwiebel, sehr fein gehackt
2 Knoblauchzehen, sehr fein gehackt
2 Eier
Gehackter Koriander (nach Belieben)
Salz und Pfeffer nach Belieben
Schmalz oder Öl zum Braten

◆ Alle Zutaten gründlich miteinander verkneten und kleine Bälle aus der Masse formen; für einen Hauptgang sollten sie etwas kleiner als ein Golfball sein, als Vorspeise (Albondiguitas) einen Durchmesser von 2–3 cm haben. Mexikanische Köche geben oft noch ein

Stück hartgekochtes Ei oder eine halbe Olive in die Mitte.
◆ Einige Minuten fritieren – es dauert eine Weile, bis die Bällchen auch innen richtig gar sind. Als Vorspeise werden die Albondiguitas auf Zahnstocher gespießt serviert. Als Hauptgericht reicht man sie mit Tomatensoße (Seite 25). Man kann die Fleischbällchen entweder vorbraten oder sie in der Soße gar werden lassen.

CARNITAS

Carnitas oder »kleine Fleischstücke« sind ein sehr beliebter Snack, aber man benötigt schon eine gehörige Portion Selbstvertrauen (und eine schwere Eisenpfanne), wenn das Gericht gelingen soll. Jedes billige Schweinefleisch eignet sich hierfür, man muß sogar billiges, fettes Fleisch verwenden, sonst wird die Zubereitung mißlingen.

◆

FÜR 12 PORTIONEN

1,5 kg Schweineschulter, ohne Knochen und Haut
Salz nach Belieben (ca. 2 TL)

◆ Das Fleisch in Würfel von 5 x 2 x 2 cm schneiden. In eine schwere, feuerfeste Kasserolle oder in einen flachen Bratentopf geben und knapp mit Wasser bedecken. Zum Kochen bringen.
◆ Hitze reduzieren, das Wasser soll aber immer noch kochen, den Topf offen lassen. Wenn nach etwa ¹/₂ Std. alles Wasser verkocht ist, sollte das Fleisch gar sein, aber nicht auseinanderfallen. Dann die Hitze weiter reduzieren und das Fett austreten lassen. Häufig wenden. Die Carnitas sind gar, wenn sie rundherum braun sind. Dies dauert noch einmal 1–1¹/₂ Std.

GEGENÜBERLIEGENDE SEITE: Schwarze
Töpferwaren in Oaxaca.
RECHTS: Albondiguitas.

LINKS: Ensalada de Col.
UNTEN: Pico de Gallo.
GEGENÜBERLIEGENDE SEITE:
Papaya–Plantage in Yucatan.

SALATE

◆◆◆◆◆◆◆◆◆◆◆◆◆◆◆◆◆◆◆◆◆

Salate sind eigentlich nicht typisch für die mexikanische Küche. Der berühmte Caesar-Salat scheint speziell für Touristen kreiert worden zu sein, denn die Mexikaner nehmen den notwendigen Anteil an frischem Gemüse mit ihren Mahlzeiten zu sich. Viele mexikanische Gerichte werden mit Salat garniert, und während manche Speisen fast nur aus Fleisch bestehen, enthalten andere auch Gemüse. Wenn Sie einen Salat servieren möchten, passen die folgenden Rezepte wohl am besten.

ENSALADA DE COL

(Kohlsalat)

FÜR 4 PERSONEN

**¹/₂ Weißkohl, geraspelt
1 oder mehrere Avocados, in Würfel geschnitten
1 oder mehrere Tomaten, in Scheiben geschnitten
1 rote Zwiebel, in dünne Scheiben geschnitten
2 Stangensellerie, gehackt
1 kleine Jicama, gewürfelt oder in Scheiben geschnitten
1 kleine Handvoll Rosinen
1 kleine Handvoll Walnüsse oder Mandeln
1 mittelgroße Möhre, geraspelt
1 rote Rübe, gekocht und in Würfel geschnitten
1 Handvoll Korianderblätter, gehackt
100 g Käse, gewürfelt**

◆ Den Kohl nach Belieben mit einigen oder allen Zutaten mischen. Eine Vinaigrette vorbereiten, statt reinem Essig jedoch Limonensaft und Olivenöl verwenden (oder zur Hälfte Limonensaft, zur Hälfte Essig). Man rechnet zwei Teile Olivenöl auf einen Teil Essig. Eine Messerspitze milder Senf beschleunigt das Emulgieren der Soße beim verrühren.

PICO DE GALLO

Wenn der Salat wie abgebildet zubereitet wird, die Zutaten also grob zerkleinert werden, eignet er sich sehr gut als Snack oder Beilage. Werden die Zutaten feiner geschnitten, erhält man eine Salsa. »Pico de gallo« bedeutet soviel wie Hahnenschnabel. Dahinter steckt die Vorstellung, daß man an diesem Salat so pickt wie der Hahn auf der Erde.

◆

FÜR 4–6 PERSONEN

**1 mittelgroße bis große Jicama
2 mittelgroße bis große Orangen
Saft von einer großen Zitrone oder von 2 Limonen
scharfe Pfeffersoße aus der Flasche**

◆ Die Jicama schälen und nach Belieben in Scheiben schneiden, würfeln oder raspeln. Orangen schälen und in Scheiben oder Würfel schneiden. In einer Schüssel mit dem Zitronen- oder Limonensaft mischen. Pfeffersoße darübergeben – diese Zutat mag befremdlich wirken, aber sie bringt den Geschmack der übrigen Zutaten erst zur Entfaltung.

◆ Man kann auch Cantaloupes, Äpfel und frisch gehackten Koriander zufügen oder Salz, oder die Orangen durch Mandarinen ersetzen. Es läßt sich darüber streiten, ob das Grundrezept durch diese Änderungen verbessert wird, aber Sie kennen ja die mexikanische Regel: »No hay reglas fijas.«

ENSALADA DE NOPALITOS

Nopalitos sind frische, junge Kaktustriebe. Frisch schmecken sie sehr »grün«, gekocht ähneln sie im Geschmack grünen Bohnen. Da Sie wahrscheinlich nicht einmal Nopalitos in Dosen finden werden, können Sie diese ruhig durch grüne Bohnen ersetzen.

◆

FÜR 4–6 PERSONEN

**450 g Nopalitos
(oder 2 kleine Dosen)
2 mittelgroße Tomaten, gehäutet, entkernt
und gehackt
¹/₂ kleine Zwiebel, fein gehackt
1 große Prise Oregano
3 EL Olivenöl
2 EL Rotweinessig
¹/₂–1 EL gehackter Koriander
Salz und Pfeffer**

◆ Alle Zutaten miteinander vermischen. Auf einem Bett aus Salatblättern anrichten (möglichst römischen Salat verwenden.) Mit zerbröseltem Frischkäse, einer kleinen Zwiebel und einer Tomate garnieren, beides in feine Scheiben geschnitten. Einige Streifen eingelegter Jalapenos (ohne Samen) geben dem Ganzen Pfeffer. Benutzen Sie Jalapenos en Escabeche, wenn Sie diese bekommen

GEMÜSE

◆◆◆◆◆◆◆◆◆◆◆◆◆◆◆◆

*So wie Salat ist auch Gemüse in der mexikanischen Küche keine eigen-
ständige Mahlzeit. Es gehört dazu und wird mit Fleisch, Fisch oder
anderen Zutaten gemischt. Es gibt jedoch auch in der mexikanischen
Küche einige nennenswerte vegetarische Gerichte.*

◆

COLACHE

◆◆◆◆◆◆◆◆◆◆◆◆◆◆◆◆

*Colache ist eine Mischung von Gemüsen der Saison. Einige Sorten wer-
den erst gekocht und dann gebraten, andere roh gebraten. Die unten
abgebildete Colache ist solch eine typische Mischung – sie enthält u.a.
ein Viertel eines kleinen Kürbis, da sie kurz vor Allerheiligen
zubereitet wurde.*

UNTEN: Colache.
GEGENÜBERLIEGENDE SEITE: Kirche in Tehnantepec.

FÜR 4–6 PERSONEN

450 g Zucchini
250 g gekochter Hominy aus der Dose
250 g gekochte grüne Bohnen
250 ml Olivenöl oder Schmalz
1 kleine Zwiebel, gehackt
1 Maiskolben, geviertelt wie unten abgebildet
3 frische Tomaten, gehäutet
Salz

◆ Die Zucchini im Ganzen garen, sie sollten aber noch fest sein. In
Scheiben schneiden. Hominy und Bohnen abtropfen lassen.

◆ Im Öl oder Schmalz die Zwiebel langsam glasig dünsten. Die übrigen Zutaten unterrühren und nach Geschmack würzen. Topf
zudecken, aber nicht fest verschließen und das Gericht unter gele-
gentlichem Umrühren 10 Min. köcheln lassen. (Der halb gar gekochte Kürbis wurde erst kurz vor dem Servieren hinzugefügt, da er sich
sonst aufgelöst hätte.)

LEGUMBRES ASADOS
♦♦♦♦♦♦♦♦♦♦♦♦♦♦♦♦♦♦
(Gegrilltes Gemüse)

Einige Gemüsesorten muß man nicht kochen, sondern über trockener
Hitze grillen: dazu benötigt man einen Grillrost, oder man legt sie auf
ein heißes Backblech oder ein Comal. Cebollos (oder cebollitos) Asados
und Elote Asado sind hierfür besonders geeignet.
Cebollitos sind Frühlings- oder Lauchzwiebeln, auch Ciboes genannt,
lange, dünne Zwiebeln, die gewöhnlich kleingeschnitten und zum
Garnieren verwendet werden. Einfach über Holzkohle grillen, bis sie
eine schöne goldgelbe Farbe haben. Sie verlieren dabei ihren etwas
scharfen Zwiebelgeschmack und werden überraschend süß. Elotes sind
Maiskolben. Vor und während des Grillens (5 Min.) werden sie normalerweise zwei- oder dreimal in Salzlake getaucht. Ständig wenden. Man
kann Meereswasser verwenden. Einfacher ist es, die Lake aus 100 g
Salz pro Liter Wasser selbst herzustellen. Dies ist der geröstete Mais, den
sowohl die Yankees als auch die Rebellen während des amerikanischen
Bürgerkriegs in ihren Speiseplan aufnahmen und der daraus nicht
mehr wegzudenken ist

SUPPEN

❖❖❖❖❖❖❖❖❖❖❖❖❖❖❖❖❖

In Mexiko gibt es zwei verschiedene Arten von Suppen: Einmal die herkömmliche, danteben aber die »Sopas Secas« oder »trockene Suppen«. Eine »trockene Suppe«, auch »Pasta« genannt, heißt so, weil sie eine trockene Zutat enthält (Reis, Tortillas, Teigwaren), die einen Teil oder sämtliche Flüssigkeit aufsaugt. Zu einer Comida gehört beides, die Sopa Seca an zweiter Stelle.

◆

CALDO TLALPENO

❖❖❖❖❖❖❖❖❖❖❖❖❖❖❖❖❖❖❖❖❖❖❖❖❖

Ein Muß ist bei der Caldo Tlalpeno (Suppe nach Tlalpen-Art) nur Hähnchen und Avocado. Manchmal wird die Suppe mit Hühnerbrühe, manchmal mit Gemüsebrühe zubereitet. Normalerweise (aber nicht immer) enthält sie Chili, die Sorte aber variiert von Rezept zu Rezept. Die »entschärften«-Versionen der Suppe enthalten normalerweise nur wenig oder gar keinen Knoblauch, eine mexikanische Version unter Umständen eine ganze Knolle. Unten folgt ein einfaches, traditionelles Rezept, das für ca. vier Personen reicht.

◆

FÜR 4 PERSONEN

100 g Hähnchenfleisch (weiß)
1 l Hühnerbrühe
1–2 getrocknete rote Chilis (Arbole)
1–5 Knoblauchzehen
3 EL Wasser
Salz nach Belieben ($^1/_2$–1 TL)
1 Avocado
Koriander zum Garnieren (ca. 1 Handvoll)

◆ Das Hähnchenfleisch in feine Streifen schneiden. Falls das Fleisch noch roh ist, die Brühe zum Kochen bringen und die Fleischstreifen darin bei geringer Hitze ca. 5 Min. garen. Oder die Brühe und das Fleisch zum Sieden bringen. Die Menge des Fleisches kann auch problemlos verdoppelt werden.

◆ Chilis entkernen und in kleine Stücke zerschneiden, zusammen mit dem Knoblauch und dem Wasser im Mörser zermahlen. In die Brühe passieren. Umrühren und einige Min. köcheln lassen, dann nach Geschmack salzen.

◆ Die Avocado schälen und in Streifen schneiden. Die Scheiben sorgfältig voneinander trennen, bevor sie in die Suppe gegeben werden, da sie sonst zusammenkleben. Sie werden kurz untergehen und danach an die Oberfläche steigen. Dann ist die Suppe fertig. Den Koriander hacken und zum Garnieren über die Suppe streuen.

SOPA DE AJO

❖❖❖❖❖❖❖❖❖❖❖❖❖❖❖❖❖❖❖

(Knoblauchsuppe)

Da der Knoblauch zuerst gebraten und dann in der Suppe gekocht wird, schmeckt die Suppe gar nicht so stark nach Knoblauch, wie man zunächst vermutet. Sie ist sogar ausgesprochen delikat. Das folgende Rezept reicht für ca. 4 Personen.

◆

FÜR 4 PERSONEN

10 Knoblauchzehen
$^1/_2$ TL Mehl
2 EL Butter
1 l Rinder- oder Hühnerbrühe
Pfeffersoße (Tabasco)
Salz und Pfeffer
4 Eier
Croutons oder dunkel geröstetes Toastbrot (nach Belieben)
2 EL zerbröckelter Käse zum Garnieren
1 EL gehackte Petersilie zum Garnieren

◆ Den Knoblauch so fein wie möglich hacken, dann zerdrücken. Das Mehl hinzufügen und vorsichtig in der Butter braten. Wenn es glasig ist, die Brühe zufügen. Zum Kochen bringen, dann etwa 15 Min. köcheln lassen. Durch ein feinmaschiges Sieb passieren und mit Pfeffer, Salz und der Pfeffersoße würzen (Vorsicht! Ein paar Tropfen genügen).

◆ Die Suppe wieder auf den Herd stellen und zum Sieden bringen. Die Eier hineingleiten lassen und pochieren. Wenn sie fest sind, ist die Suppe fertig. Über Croutons oder Toast geben und mit dem Käse und der Petersilie garnieren.

VARIANTEN

Statt die Suppe wie üblich in einer Terrine zu servieren, kann man auch folgende Vorschläge ausprobieren:

➤ 4 Suppenschüsselchen im Ofen bei 120° anwärmen. Die kochende Suppe hineinfüllen und nur das Eigelb auf die Suppe geben. Einige Min. stehenlassen, am besten zugedeckt, dann servieren. Das Eigelb wird noch flüssig sein, aber die Mexikaner lieben es so. Die Croutons mit Käse und Petersilie als Garnierung auf die Suppe geben oder weglassen.

➤ Bei einer anderen Variante wird das Ei gebraten und dann mit dem Gelben nach oben auf die Suppe gegeben. Das klappt am besten, wenn man zuerst die Croutons in die Suppe gibt und darauf die Eier anrichtet.

GEGENÜBERLIEGENDE SEITE: Caldo Tlalpeno.

CALDO DE ALBONDIGAS
◆◆◆◆◆◆◆◆◆◆◆◆◆◆◆◆◆◆◆◆◆◆◆◆◆◆◆◆
(Albondigas-Suppe)

Traditionell enthält diese Suppe viele Fleischbällchen – zu dem Rezept unten gehört eine große Portion Albondigas.

◆

FÜR 4 PERSONEN

Albondigas (siehe Abondiguitas Seite 39)
2 l Rinderbrühe
1 kleine Zwiebel, gehackt
2 Tomaten, gehackt
1 mittelgroße Kartoffel, gewürfelt
1 mittelgroße Möhre, in Scheiben geschnitten
1 Zucchini, in Scheiben geschnitten
1 große Prise Oregano
Salz und Pfeffer nach Belieben

◆ Alle Zutaten (außer den Fleischbällchen) in einen Topf geben und zum Kochen bringen. Die Fleischbällchen, die ungefähr die Größe eines Golfballs haben sollten, vorsichtig nacheinander mit einem Schaumlöffel in die Suppe gleiten lassen. Mindestens 1 Std. sieden lassen.

SOPA DE FIDEOS
◆◆◆◆◆◆◆◆◆◆◆◆◆◆◆◆◆◆◆◆◆◆◆◆◆◆◆◆
(Fadennudelsuppe)

Bereitet man dieses Gericht mit viel Flüssigkeit zu, erhält man eine Suppe. Reduziert man den Anteil an Brühe und erhöht dafür die Menge der übrigen Zutaten unter Hinzufügung von Hackfleisch, so erhält man ein Gericht, das Spaghetti Bolognese ähnelt. Beide Rezepte sind selbstverständlich authentisch. Hier das Rezept für die Suppe:

◆

FÜR 6 PERSONEN

100 g Fadennudeln, kleingebrochen
1 EL Schmalz
1–2 Knoblauchzehen, fein gehackt
1¹/₂ l Rinderbrühe
¹/₂ kleine Zwiebel, fein gehackt
1 Dose Tomaten, mit der Flüssigkeit zerkleinert
1 TL getrockneter Oregano
Salz und Pfeffer

◆ Die Nudeln im Schmalz ca. 5 Min. braten, bis sie golden sind. Ständig umrühren, damit sie nicht anbrennen. Hitze reduzieren, den Knoblauch hinzufügen und noch 1 Min. braten, damit der Knoblauch weich wird. Die restlichen Zutaten hinzufügen und zum Kochen bringen. ¹/₂ Std. sieden lassen, dabei gelegentlich umrühren.

GEGENÜBERLIEGENDE SEITE: Frau in Inchitan.
OBEN: Caldo de Albondigas.

SOPAS SECAS

Wie schon erwähnt, sind »trockene Suppen« gar nicht wirklich trocken. Der Begriff hängt mit den »trockenen« Zutaten zusammen (Reis, Teigwaren oder altbackene Tortillas), die einen Teil der Brühe aufnehmen. Man kann sie wie herkömmliche Suppen zubereiten, mit nur einem geringen Anteil an »trockenen« Zutaten, oder man nimmt sehr viele trockene Beilagen, so daß die Brühe fast vollständig aufgesogen wird.

◆

FÜR 4 PERSONEN

CHILAQUILES

(Tortilla-Suppe)

1 große oder 2 kleine Tomaten
12 Maistortillas
Schmalz oder Olivenöl zum Braten
1 mittelgroße Zwiebel, gehackt
2 Knoblauchzehen
1 l Hühnerbrühe
Salz und Pfeffer

◆ Tomate halbieren und grillen oder »trocken« braten.
◆ Die Tortillas sollten leicht angetrocknet sein, altbackene sind besonders gut geeignet. In Streifen schneiden (1,5 x 5 cm) und fritieren, bis sie knusprig und braun sind. Beiseite stellen und das Schmalz oder Öl bis auf 1 EL aus der Pfanne gießen.
◆ Zwiebel und Knoblauch braten, bis sie goldbraun sind. In einem Mixer mit der Tomate pürieren. Die Mischung mit einem weiteren EL Schmalz oder Öl wieder in die Pfanne geben und unter ständigem Rühren andicken lassen.
◆ Die Brühe zufügen und ½ Std. köcheln lassen. Nach Geschmack würzen. Die knusprigen Tortillastreifen in Suppentassen geben und mit der Suppe auffüllen.

VARIANTEN

Gewürfeltes Hähnchenfleisch, Rindfleisch oder Käse in die Suppe geben und die Zutaten unten als Garnierung verwenden:

saure Sahne
gehackte rohe Zwiebel
kleingehackte hartgekochte Eier
Limonenspalten
getrocknete Pasilla-Chilis

➤ Bei den Chilis Kerne und Innenhaut entfernen und kurz in viel Öl braten (fritieren), bis sie schrumpelig sind. Man kann sie gleichzeitig mit den Tortillas zubereiten.

SOPA DE ARROZ

(Trockene Reissuppe)

Diese Suppe ist trockener als die Tortilla-Suppe. Beim ersten Versuch wird sie eventuell sogar zu trocken geraten, beim zweiten Mal, weil man dies auf jeden Fall verhindern will, vielleicht zu flüssig. Beim dritten Versuch hat man den Dreh dann bestimmt heraus. Es kann Hühner-, Fleisch- oder Gemüsebrühe verwendet werden. Den Reis vorher verlesen, aber nicht waschen. Sollte sich das Waschen nicht vermeiden lassen, muß er vor dem Kochen auf einem Backblech im Ofen bei kleinster Hitze getrocknet werden.

◆

FÜR 4 PERSONEN

225 g trockener Reis
2 EL Oliven- oder Erdnußöl
1 kleine Zwiebel, gehackt
2–4 Knoblauchzehen, gehackt oder zerdrückt
1 l Brühe
Salz und Pfeffer

◆ Den Reis in Öl unter ständigem Rühren in ca. 10 Min. goldgelb braten. Nach der Hälfte der Zeit Zwiebel und Knoblauch dazugeben. Mit der Brühe auffüllen und nach Geschmack würzen. Den Topf verschließen und bei sehr niedriger Hitze ½ Std. lang kochen. Beim nächsten Mal die Flüssigkeitsmenge entsprechend variieren, wenn der erste Versuch nicht befriedigend ausgefallen sein sollte. Man kann auch ein Drittel der Brühe durch Tomatensaft ersetzen.

VARIANTEN

➤ Nach der Hälfte der Garzeit des Reis kann man neben der Zwiebel andere Zutaten in die Suppe geben, um eine reichhaltigere Mahlzeit zu erhalten. Die Mengen spielen keine Rolle. Geben Sie ganz nach Ihrem Geschmack oder Ihrem Geldbeutel entsprechend z. B. folgendes in die Reissuppe:

Pilze
gekochtes Hähnchenfleisch oder anderes Fleisch
Garnelen oder Krabben
Serrano- oder Jalapeno-Chilis
Chorizo oder andere Wurst
Erbsen

➤ Meerestiere wie Garnelen, Hummerfleisch oder Krabben gleichzeitig mit der Brühe zum Reis geben. Sie werden nicht vorher gebraten, da sie sonst zäh werden.

GEGENÜBERLIEGENDE SEITE: Chilaquiles.

BUDIN DE TORTILLAS

Hierbei handelt es sich um eine trockene Version der Tortilla-Suppe von Seite 49, sie ist auch als Budin Azteca bekannt.

◆

FÜR 4 PERSONEN

3 große Poblano- oder Anaheim-Chilis
12 Maistortillas
Fett zum Braten
250 g Hähnchenfleisch, anderes Fleisch oder Fisch
(nach Belieben)
175 g geriebener Cheddar
300 ml saure Sahne
450 ml Mole Verde (Seite 25)
Salz und Pfeffer
1 dünn geschnittene Zwiebel und dünn geschnittener Rettich zum Garnieren

◆ Chilis rösten, häuten, entkernen und von der Innenhaut befreien wie für Chiles Rellenos (Seite 36). In Streifen schneiden.
◆ Die Tortillas sekundenlang braten, bis sie weich sind. Die Chilis und das Hähnchenfleisch (bzw. den Fisch) in drei Portionen teilen, Käse, Sahne und Soße in vier Portionen.
◆ Die Zutaten in eine quadratische Form von 23 cm Länge schichten. Die unterste Schicht besteht aus drei Tortillas. Darauf werden Fleisch, Chilis, Käse, Sahne und Soße gegeben. Dann folgen wieder drei Tortillas und dieselbe Mischung. Das Ganze noch einmal wiederholen. Die oberste Schicht bilden Tortillas, Käse, Sahne und Soße. Fleisch und Chilis würden zu trocken werden.
◆ Bei 175° im Ofen ca. ½ Std. backen. Mit Zwiebel und Rettich garnieren.

MAKKARONI MIT SCHINKEN

Dieses beliebte Gericht ist eine echte »pasta« und eine ziemlich »trockene« Mahlzeit.

◆

FÜR 4 PERSONEN

450 g kurze, dicke Makkaroni
125 g gekochte Erbsen
125 ml saure Sahne
125 g gekochter Schinken, in Würfel geschnitten
2 gehäufte EL gehackter Koriander
Salz und Pfeffer
Tomaten zum Garnieren (nach Belieben)

◆ Die Makkaroni kochen und gründlich abtropfen lassen. Abkühlen lassen (oder warm servieren). Die anderen Zutaten hinzufügen und alles gründlich mischen. Nach Belieben mit Tomatenscheiben garnieren.

LINKS: Makkaroni mit Schinken.
GEGENÜBERLIEGENDE SEITE:
Zubereitung einer Mahlzeit in
Ameyatapec, Guerrero.

FISCH

In den Gewässern vor der mexikanischen Küste herrscht ein großer Fischreichtum. Die meisten Fischsorten werden sehr einfach zubereitet. Eine sehr beliebte Methode ist, sie über einem kleinen Feuer zu grillen, so daß sie, wenn sie gar sind, halb geräuchert sind. Filets von größeren Fischen werden gegrillt oder gebraten und mit verschiedenen Dressings serviert. Es folgen einige Rezepte, die von den üblichen Methoden, Fisch zuzubereiten, abweichen.

◆

CEVICHE

Unter Ceviche oder Seviche versteht man in Limonensaft eingelegten Fisch. Wie üblich gibt es auch hier verschiedene Möglichkeiten der Zubereitung: Man kann den Fisch zunächst im Limonensaft marinieren und dann die übrigen Zutaten zufügen, oder man mariniert alles zusammen. Je nach Rezept bleibt der Fisch ¹/₂ bis 8 Std. in der Marinade. Manchmal werden Olivenöl und Paprikaschoten hinzugefügt, Oregano gibt eine andere Geschmacksrichtung; manche Köche sind sogar so ketzerisch, die Serrano-Chilis wegzulassen. Limonen werden von den Mexikanern »Zitronen« genannt, man kann Zitronensaft verwenden, Limonensaft ist jedoch besser.
Am häufigsten gegessen wird die Makrele, obwohl auch andere fetthaltigere Fische oft auf dem Speiseplan erscheinen. Makrelen zuzubereiten ist jedoch zeitraubend und schwierig. Außerdem mögen viele ihren ausgeprägten Fischgeschmack nicht. Ceviche sieht, wenn sie mit Makrelen zubereitet wird, nicht sehr verlockend aus, sondern eher grob und breiig. Man kann für dieses Rezept jeden beliebigen Fisch verwenden. Frische Dorade und Thunfisch schmecken köstlich als Ceviche, aber auch Seezunge, Seebarsch und Red Snapper werden gerne verarbeitet.

◆

FÜR 6 PERSONEN

1 kg frischer Fisch (siehe oben)
2 große Zwiebeln
3 mittelgroße, vollreife Tomaten
5 Limonen
5 Serrano-Chilis
Koriander
Salz und Pfeffer

◆ Den Fisch in Würfel mit 1–1,5 cm Kantenlänge schneiden. Die Zwiebel in Ringe schneiden, die Tomaten, Chilis und den Koriander so fein wie möglich hacken. Limonen ausdrücken. Alles mit dem Fisch vermischen, würzen und bei Zimmertemperatur mindestens ¹/₂ Std. ziehen lassen. Häufig umrühren, damit der Fisch gleichmäßig mit Limonensaft bedeckt wird. Durch den Limonensaft wird der Fisch »gar«, da das Gericht nicht gekocht wird. Bis zum Servieren in den Eisschrank stellen. Über Nacht läßt sich der Fisch problemlos aufbewahren, 24 Std. sollten jedoch nicht überschritten werden. Vor dem Servieren überschüssigen Limonensaft abgießen. Das Gericht wird kalt auf Tortillas oder Tostadas (Seite 16), auf Brötchen oder in Tacos mit Salat garniert serviert.

POLPOS BORRACHOS

(»Betrunkener Tintenfisch«)

Man kocht die äußere Hülle des Tintenfisches. Er kann vorbereitet gekauft werden. Es ist aber weniger schwierig und unangenehm, einen ganzen Tintenfisch zuzubereiten, als man zunächst glauben mag. Die Hände vor dem Ausnehmen salzen, damit sie nicht so leicht abrutscht, dann die Fangarme in die eine Hand und den Körper in die andere Hand nehmen. Fest ziehen. Die Fangarme werden sich zusammen mit den Innereien lösen.

◆

FÜR 6 PERSONEN

1 kg Tintenfisch
150 ml Brandy
1¹/₂ l Tomatensoße (Grundrezept, Seite 25)
300 ml Rotwein
Salz und Pfeffer
Oliven und Kapern zum Garnieren

◆ Den Tintenfisch gründlich mit Salz säubern. Mit einer Teigrolle oder einem Kartoffelstampfer durchwalken. Im Brandy 1 Std. oder länger marinieren.
◆ Den Tintenfisch knapp mit Wasser bedeckt, zum Kochen bringen und dann sieden lassen, bis er zart ist. Abtropfen lassen und in 2–3 cm große Quadrate schneiden. Die Brühe aufheben.
◆ Brühe, Tomatensoße und Wein mischen. Salz und Pfeffer zufügen. Den Tintenfisch in dieser Mischung noch ¹/₂ Std. sieden. Mit gekochtem Reis servieren, mit Oliven und Kapern garnieren. Ein kräftiger kalifornischer Wein eignet sich sehr gut sowohl zum Kochen als auch als Tischgetränk.

GEGENÜBERLIEGENDE SEITE: Zubereitung von Fisch in Inchitan.

CALDO DE PESCADO

(Fischeintopf)

Die billigste Version dieses Gerichts, und in den Augen vieler Fischliebhaber auch die köstlichste, wird aus Fischköpfen gemacht. Für den etwas anspruchsvolleren Gourmet empfehlen sich Fischfilets.

◆

FÜR 4 PERSONEN

1 kleine Zwiebel, fein gehackt
1 EL Olivenöl
2 mittelgroße Tomaten
900 g weißfleischiger Fisch, in mundgerechte
Stücke geschnitten
1 kleine Handvoll Korianderblätter, gehackt
3 Knoblauchzehen, fein gehackt
2 Lorbeerblätter
1 TL getrockneter Oregano
Saft von 2 Zitronen oder Limonen
1 l Wasser
Salz und Pfeffer

◆ Die Zwiebel im Öl weichdünsten. Die gehackten Tomaten 1–2 Min. mitschmoren. Die übrigen Zutaten hinzufügen und das Ganze zum Kochen bringen. Hitze reduzieren und ca. 1 Std. köcheln lassen.

PESCADO IN ESCABECHE

Genaugenommen ist die Escabeche oder Escaveche eine Essigsoße, die zum Einlegen von Fleisch, Hähnchen oder Fisch verwendet wird. Sie wird aber auch als Soße oder Gewürz serviert. Ursprünglich wurde mit ihr vor allem Fisch haltbar gemacht. Pescado in Escabeche hält sich mehrere Wochen lang.

◆

FÜR 6 PERSONEN

6 große Fischfilets
(Seezunge, Barsch oder Red Snapper)
Olivenöl zum Braten
Escabeche-Soße (Seite 27)

◆ Für dieses Gericht eignet sich jeder feste Fisch. Huachinango oder Red Snapper sind ideal. Seezunge und Barsch kann man ebenfalls verwenden. Teifgefrorener Fisch kann auf diese Weise erheblich verfeinert werden.
Die Fischfilets in etwas Öl auf jeder Seite 3–4 Min. braten, bis sie gar sind. Der Fisch sollte Zimmertemperatur haben und nicht direkt aus dem Eisschrank kommen oder tiefgefroren sein. Den Fisch in der Escabeche in einem Glasgefäß im Eisschrank ziehen lassen, gelegentlich wenden. Die Marinierzeit sollte mindestens 12 Std. dauern, kann aber auch bis zu 3 Tage betragen.

OBEN: Pescado in Escabeche.
GEGENÜBERLIEGENDE SEITE: Blick in eine Kirche in Yucatan.

HUACHINANGO YUCATECO

(Red Snapper nach Yucatan-Art)

Wenn es nicht möglich ist, Red Snapper zu bekommen, kann man ersatzweise auch Seezunge, Seebarsch oder Seebrassen nehmen.

◆

FÜR 4 PERSONEN

2 kleine Paprikaschoten, eine rote, eine grüne
1 mittelgroße Zwiebel, gehackt
2 Knoblauchzehen
4 El/60 g Butter
2 EL gehackte Korianderblätter
1 TL ganzer Kreuzkümmel
¹/₂ TL geriebene Orangenschale
125 ml frisch gepreßter Orangensaft
1 Red Snapper, 2 kg schwer, gesäubert und geschuppt
6–8 in Streifen geschnittene schwarze Oliven
Salz und Pfeffer nach Belieben
1 große oder 2 kleine Avocados zum Garnieren

◆ Paprikaschoten entkernen, die Innenhaut entfernen und klein-schneiden. Die Zwiebel und den Knoblauch hacken. Alles zusammen in 2 EL Butter weichbraten. Koriander, Kreuzkümmel, Orangenschale und Orangensaft hinzufügen. Nach Geschmack würzen und 2 Min. köcheln lassen.

◆ Den Boden einer großen, flachen Kasserolle dick mit der restlichen Butter einfetten. Den Fisch hineingeben und mit der Soße bedecken. Die Olivenstreifen darüber streuen.

◆ Etwa 30 Min. backen. Während der Backzeit den Fisch gelegentlich mit der Soße bestreichen. Mit den Avocadostreifen garnieren und heiß servieren.

POMPANO EN PAPILOTTE

Wenn Sie keinen Pompano bekommen, können Sie auch jeden anderen einigermaßen festen, nicht zu großen Fisch mit hellem Fleisch verwenden.

FÜR 4 PERSONEN

1 kg Pompano-Filets
125 g gekochte Garnelen
125 g gekochtes Krabbenfleisch
4 Pergamentpapiertüten oder gebutterte Alufolienstücke
2 TL Butter
2 TL Mehl
110 ml Hühnerbrühe
Salz und Pfeffer

◆ Fischfilets, Garnelen und Krabbenfleisch in gleichgroßen Portionen in die vier Tüten geben. (Oder mit der Folie vier Päckchen bilden.)

◆ Die Butter schmelzen und das Mehl für eine Mehlschwitze einrühren. Die Brühe nach und nach unter ständigem Rühren hinzugeben, bis eine dicke, glatte Soße entstanden ist. Zu gleichen Teilen in die vier Tüten geben, diese verschließen und in eine Kasserolle legen. Bei 160° etwa 35–40 Min. backen. Das Papier sollte aufgebläht und braun sein. In den Tüten heiß servieren.

GEGENÜBERLIEGENDE SEITE: Karneval in Guadalupe.
RECHTS: Huachinango Yucateco.

FLEISCH UND GEFLÜGEL

Mexikanisches Fleisch und Geflügel schmeckt normalerweise sehr gut, ist aber nicht so zart wie nordamerikanische oder nordeuropäische Ware. Der lange Garprozeß bei niedriger Hitze läßt es zart werden, ohne daß Geschmack verloren geht.

In der mexikanischen Küche ist die verwendete Fleischsorte weitgehend austauschbar. Rindfleisch findet häufig Verwendung, Schweinefleisch ebenso. Hähnchenfleisch ist sehr beliebt, Lamm wird in Mexiko viel häufiger gegessen als nördlich der Grenze. Auf die gleiche Art wie Lamm wird auch Ziegenfleisch (besonders das von Zicklein) zubereitet. Daneben gibt es Delikatessen wie Armadillo und Iguana, die außerhalb Mexikos kaum zu bekommen sind.

In Eintopfgerichten oder Fleischgerichten mit Soße (Mole) findet man häufig eine Zusammenstellung verschiedener Fleischsorten. Schweinefleisch und Geflügel ist z.B. eine beliebte Kombination.

◆

CARNE ASADA

In Spanien bedeutet »Asada« »Braten«, in Mexiko versteht man darunter die Zubereitung eines Steaks, vorzugsweise mit einer Marinade. Je besser das Fleisch, umso besser wird natürlich auch das fertige Gericht sein, aber da die Zitrusfrüchte das Fleisch mürbe machen, erzielt man auch mit preiswerteren Fleischstücken überraschende Erfolge. Es ist also nicht notwendig, Filet (Filet Mignon) für dieses Rezept zu kaufen. Dunkelbiere mit ausgeprägtem Eigengeschmack wie Modelo Negra oder Guinness sind ideal als Zutat oder Tischgetränk. Das Steak wird mit mexikanischem Reis, gebackenen Bohnen und Salat serviert.

◆

FÜR 4 PERSONEN

1 mittelgroße oder kleine Zwiebel
1 große Limone
1 kleine Orange
75 ml Bier
225 ml Soja-Soße
1 kg Steakfleisch
1 Bund Frühlingszwiebeln
Salz und Pfeffer nach Belieben

◆ Limone und Orange auspressen und den Saft mit dem Bier und der Soja-Soße mischen. Die in Ringe geschnittene Zwiebel dazugeben. Das Fleisch mindestens 1 Std. lang marinieren, dabei häufig wenden, damit es gleichmäßig bedeckt ist. Am Spieß oder auf dem Rost grillen. Die Cebollitas (Frühlingszwiebeln) ebenfalls grillen und als Garnierung servieren.

BISTECK RANCHERO

Dies ist eine traditionelle Zubereitungsart für (ziemlich zähes) Steakfleisch für das zweite Frühstück (Merienda). Wie so oft in der mexikanischen Küche ist das Fleisch am Ende sehr gut durchgebraten: Es wird zunächst gebraten und dann noch ein zweites Mal in der bedeckten Pfanne im Dampf gegart. Ein dickes Steak würde bei dieser Methode ungenießbar, dünn geschnittenes Fleisch bekommt so einen wunderbaren Geschmack.

◆

FÜR 2 PERSONEN

350 g Steakfleisch, dünn geschnitten
2 TL Olivenöl
Salz und Pfeffer nach Belieben
½ Zwiebel, in dicke Scheiben geschnitten
1 große Tomate
1 grüne California-Chili, in Ringe geschnitten
2 Serrano-Chilis, gehackt
2 EL Hühnerbrühe

◆ Das Fleisch salzen und pfeffern und im Öl braten. Wenn es fast gar ist, die übrigen Zutaten hinzugeben. Umrühren, damit das Fleisch gut bedeckt ist. Pfanne mit einem Deckel verschließen und den Eintopf garen lassen.
◆ Mit gebackenen Bohnen servieren.

GEGENÜBERLIEGENDE SEITE: Bisteck Ranchero.
UNTEN: Carne Asada.

CARNE MOLIDA CRUDA

Carne Molida Cruda (wörtlich »roh gehacktes Fleisch«) ist eine mexi-kanische Version des Beefsteak aus Tatar. Der Limonensaft macht das Fleisch zart, dominiert aber auch sehr stark durch sein ausgeprägtes Aroma.

◆

FÜR 4 PERSONEN

2 Jalapeno-Chilis, fein gehackt
¹/₂ kleine Zwiebel
450 g Filetsteak
(oder anderes gutes, mageres Rindfleisch)
Saft einer Limone
Salz und Pfeffer nach Belieben

◆ Zunächst die Zwiebel, dann die Chilis in einer Küchenmaschine zerkleinern. Beiseite stellen. Das Fleisch von Fett und Sehnen befrei-en, in Würfel schneiden und ebenfalls in der Küchenmaschine zer-kleinern. Nicht zu fein hacken, es sollte noch eine fleischige Struktur haben und keine breiige Masse sein. Alle Zutaten vermischen und mit viel frisch gemahlenem schwarzen Pfeffer und wenig Salz wür-zen. Es empfiehlt sich, wenig Salz zu nehmen, da rohes Fleisch selbst schon ziemlich salzig ist. Mit dem Limonensaft übergießen.

◆ Je länger das Fleisch zieht, um so stärker wird der Limonensaft den Fleischgeschmack übertönen. Nach ca. 1 Std. dominiert er so stark, daß man das Gericht, wenn man den Fleischgeschmack genießen möchte, besser schnell servieren sollte. Anhänger des Steak Tartare mögen die französische Version bevorzugen, aber die mexi-kanische ist zumindest einen Versuch wert.

ESTOFADO DE LENGUA

(Gekochte Zunge)

Ebenso wie der Gedanke an rohes Fleisch mag »gekochte Zunge« nicht unbedingt appetitlich sein. Sollten Sie sich aber dennoch für dieses Gericht entscheiden, werden Sie Ihren Entschluß nicht bereuen.

◆

FÜR 8–10 PERSONEN

2–2¹/₂ kg frische Rinderzunge
1 kleine Zwiebel, geschält
5 Knoblauchzehen
8 schwarze Pfefferkörner
Salz nach Belieben (1–2 EL)

◆ Die Zunge vom Metzger kochfertig vorbereiten lassen. In einen großen Topf legen, mit Wasser bedecken und die anderen Zutaten dazugeben. Zum Kochen bringen und köcheln lassen, bis das Fleisch nach etwa 1 Std. zart ist. Von der Kochstelle nehmen, etwas abkühlen lassen und die Haut von der Zunge abziehen. Die Haut wegwerfen, das Fleisch wieder in die Brühe geben.

OBEN: Carne Molida Cruda.
GEGENÜBERLIEGENDE SEITE: Die Kirche von San Juan Chamula in Chiapas.

DIE SOSSE:

1 kleine Tortilla
2 Ancho-Chilis
2 EL Schmalz
60 g ganze, ungeschälte Mandeln
1 kg frische Tomaten, fein gehackt
2 EL Sesamkörner
2 cm Stangenzimt
je 1 große Prise (¹/₈ TL) Thymian, Majoran und Oregano
grüne Oliven zum Garnieren
Jalapeno-Chilis in Escabeche als Beilage

◆ Die Tortilla etwas antrocknen lassen oder, noch besser, eine alt-backene verwenden.

◆ Die Chilis von Kernen und Innenhaut befreien und im Schmalz leicht anbraten. Abtropfen lassen und in den Mixer geben. In dem-selben Schmalz werden dann die Mandeln gebraten, bis sie braun sind, und die Tortilla, bis sie knusprig ist; schließlich die Tomaten in das Schmalz geben, diese bei großer Hitze und unter ständigem Rühren etwa 10 Min. kochen. Mandeln und Tortilla zerstoßen und dann in den Mixer geben. Danach die Tomaten zufügen.

◆ Die Sesamkörner in einer trockenen Bratpfanne oder auf einem Backblech rösten, bis sie golden sind. Ständig schütteln, damit sie nicht springen. In einem Mörser oder einer Gewürzmühle zerklei-nern, um die Schalen aufzubrechen. Hierbei werden sie einen köstli-chen Duft verströmen. Danach mit dem Zimt und den Kräutern ebenfalls in den Mixer geben und alles zu einer sehr glatten Soße verarbeiten.

◆ Diese Soße mit dem Schmalz erhitzen. Die Hitze reduzieren und unter häufigem Rühren etwa 10 Min. köcheln. Sollte sie zu dick wer-den, etwas von der Zungenbrühe hinzugeben.

◆ Die Zunge in dünne Scheiben schneiden, auf einer Platte anrich-ten und mit etwas Soße bedecken. Den Rest der Soße getrennt ser-vieren. Mit grünen Oliven garnieren. Dazu einfachen, gekochten Reis reichen. Für Liebhaber schärfer gewürzter Speisen die Jalapenos als Beilage reichen.

CARNE CON CHILE COLORADO

Dieses Gericht hat nichts mit der weitverbreiteten Tex-Mex-Version zu tun, die aus billigem Hackfleisch, Bohnen und Tomatensoße besteht. Carne con Chile wird aus großen Stücken zartem Fleisch zubereitet, die mit einer dicken, glatten, reichhaltigen Soße serviert werden. Das Kochen der Soße ist recht zeitaufwendig, aber es lohnt sich. Es kann sowohl Rind- als auch Schweinefleisch verwendet werden.

◆

FÜR 4 PERSONEN

8 mittelgroße getrocknete Chilis:
California- oder New-Mexico-Chilis
¹/₂ TL Kreuzkümmel
3 Knoblauchzehen, geschält
1 kleine Zwiebel, gehackt
1 TL getrockneter Oregano
700 g mageres Fleisch ohne Knochen
Öl oder Schmalz zum Braten
450 ml Wasser oder Brühe
Salz nach Belieben

◆ Die getrockneten Chilis wie auf Seite 12–13 beschrieben vorbereiten. Während der Einweichzeit den Kümmel im Mörser oder mit der Gewürzmühle zermahlen.

◆ Die Chilis abtropfen lassen, aber eine Tasse der Einweichflüssigkeit aufbewahren. Knoblauch, Zwiebel, Oregano und frisch gemahlenen Kümmel dazugeben und alles mit der Einweichflüssigkeit im Mixer pürieren, bis die Masse glatt ist. Diese dann durch ein Sieb passieren. Dies ist der langwierigste Teil der Zubereitung, aber es entsteht eine wunderbar glatte Soße.

◆ Das Fleisch in etwa 2,5 cm große Würfel schneiden und in einer schweren, tiefen Bratpfanne mit wenig Schmalz oder Öl braten. Nach etwa 10 Min. ist das Fleisch rundherum braun. Das Fleisch ständig wenden und den Bratensatz abkratzen.

◆ Die passierte Soße dazugeben und weitere 5 Min. schmoren lassen. Ständig Rühren, damit die Soße nicht anbrennt. Das Püree sollte nun dicker und etwas dunkler sein. Wasser oder Brühe zufügen, zum Kochen bringen und bei geringer Hitze etwa 1 Std. köcheln lassen. Gelegentlich umrühren. Wenn die Soße zu dick wird, Wasser oder Brühe zufügen. Das Gericht ist fertig, wenn das Fleisch *sehr* zart ist.

TEX-MEX CHILI CON CARNE

Dieses Gericht ist ursprünglich wohl nicht mexikanisch, dafür aber preiswert und wohlschmeckend. Es läßt sich leicht zubereiten und findet auf Parties, mit knusprigem Baguette serviert, großen Anklang. Knoblauch und Chili sollten individuell dosiert werden. Ein Eßlöffel Pasilla beläßt das Gericht sehr mild, während andere Chilisorten erheblich schärfer sind. Wenn es extrascharf sein soll, einen halben Teelöffel zerkleinerte, getrocknete Chilis dazugeben.

◆

FÜR 4–6 PERSONEN

2 mittelgroße Zwiebeln, gehackt
2–6 Knoblauchzehen, zerdrückt
4 EL Olivenöl oder Schmalz
750 g Rinderhack
1 gehäufter EL Chilipulver
1 Dose Tomaten
1 EL Kreuzkümmel
1 Lorbeerblatt
250 ml Rinderbrühe
3 EL Tomatenmark
1 Dose Kidneybohnen
Salz

◆ Zwiebeln und Knoblauch im Öl oder Schmalz braten, bis sie weich und glasig sind. Das Hackfleisch dazugeben und 5–10 Min. braten, bis es braun und krümelig ist. Chilipulver hinzufügen und weitere 20 Sekunden braten, bis sich das Gewürz gut mit dem Fleisch vermischt hat. Dann die Tomaten (mit der Flüssigkeit) und die anderen Zutaten außer den Bohnen dazugeben. Zum Kochen bringen. Bei geringer Hitze in der geschlossenen Pfanne eine Stunde oder länger köcheln lassen. 15 Min. vor dem Servieren die Bohnen unterrühren.

◆ Mit weißem Reis oder, wie vorgeschlagen, mit knusprigem Brot servieren. Einen typisch texanischen Touch erhält das Ganze, wenn es dazu viel Bier gibt.

GEGENÜBERLIEGENDE SEITE: Carne con Chile Colorado.
RECHTS: Straßenszene in Tepoztlan.

ROPA VIEJA

(Geschmorte Rindfleischstreifen)

»Alte Kleider« ist die wörtliche Übersetzung von Ropa Vieja, einem sämigen Schmorgericht aus geschnetzeltem Rindfleisch. Das Geheimnis liegt darin, das Fleisch so lange zu garen, bis es mit zwei Gabeln zerteilt werden kann. Das Fleisch wird zuerst zubereitet.

◆

FÜR 4–6 PERSONEN

**1 kg Rindernacken oder -schulter, gewürfelt
1 große Zwiebel, in Scheiben geschnitten
2 Knoblauchzehen, fein gehackt
2 EL Essig
450 ml Wasser oder Brühe
1 Dose oder 500 g frische Tomaten**

◆ Das Fleisch mit den Zutaten außer den Tomaten in einer feuerfesten Kasserolle oder einem flachen Bratentopf zum Kochen bringen.
◆ Topf verschließen und bei kleinster Hitze 2–3 Std. köcheln lassen. Nach 1–2 Std. die Tomaten dazugeben. Sie sollten mindestens 45 Min. mitschmoren. Wenn das Fleisch *sehr* zart ist, wird es mit einer Gabel herausgenommen und auf einem Teller zerteilt. Das zerkleinerte Fleisch anschließend wieder in den Topf geben. In der Zwischenzeit die Einlage zubereiten:

**1 rote und 1 grüne Paprikaschote
2 gekochte Kartoffeln
2 EL Olivenöl**

◆ Die Paprikaschoten von Kernen und Innenhaut befreien und in Streifen schneiden. Kartoffeln in Scheiben schneiden und beides in einer Bratpfanne braten, bis die Paprikaschoten gar sind. Zum Fleisch geben und bei geöffnetem Topf langsam weiterkochen lassen, bis die Flüssigkeit fast verdampft ist.
◆ Mit gekochtem Reis oder Tortillas servieren. Wer es mit den Traditionen nicht so genau nimmt, kann auch Salzkartoffeln dazu reichen.

GEGENÜBERLIEGENDE SEITE: Ropa Vieja.

BIRRIA

Authentische Birria zuzubereiten, ist praktisch unmöglich. Traditionell wurde ein ganzes Lamm mit Adobo-Soße gewürzt und in einer mit Agavenblättern ausgelegten Barbecue-Mulde gegart. Die Blätter schützten das Fleisch vor zu große Hitze, das auf diese Weise langsam, viele Stunden lang in Dampf und Rauch gegart wurde. Gar war das Fleisch, wenn es fast zerfiel. Tacos de Birria werden in Mexiko überall an Straßenständen angeboten. Eine gute Birria läßt sich zu Hause auf verschiedene Weise herstellen. Das erste Rezept entspricht eher der traditionellen Zubereitungsart.

◆

TRADITIONELLE BIRRIA

FÜR 4–8 PERSONEN

**ca. 3 kg Fleisch (siehe unten)
Adobo-Soße (siehe Seite 26)
1 kg Tomaten
Salz und Pfeffer
Oregano und gehackte Zwiebeln zum Garnieren**

◆ Traditionell verwendet man Lammfleisch für dieses Gericht, aber man kann genauso gut Schwein oder Ziege nehmen. Manche Köche bevorzugen eine Kombination verschiedener Fleischsorten, andere geben Hähnchenfleisch dazu. Billigere Fleischstücke wie Lammbrust etc. sind durchaus verwendbar. Das Fleisch wird in große Stücke geschnitten, rundherum tief eingeritzt und mit Salz eingerieben; dann wird es dick mit Adobo-Soße bestrichen, die 16–18 Std. einziehen sollte.
◆ Ein Grillrost in eine große, feuerfeste Kasserolle geben und den Boden des Topfes bis zum Rost mit Wasser füllen. Das Fleisch auf den Rost legen und den Topf verschließen. Der Deckel wird mit einem aus Wasser und Mehl angerührtem Brei versiegelt. 3–4 Std. bei 175° garen. Man kann auch einen Schnellkochtopf verwenden. In diesem Fall richtet man sich nach der Bedienungsanleitung. Oder den Rost mit dem Fleisch in eine Tüte aus Grillfolie legen, dann aber kein Wasser zugeben und bei 150° mindestens 3 Std. garen.
◆ Wenn das Fleisch gar ist, die Brühe abseihen. Nach dem Erkalten das Fett abschöpfen. Falls notwendig, Wasser oder Brühe zufügen um 450 ml Fond zu erhalten.
◆ Die halbierten Tomaten »trocken«, also ohne Fett braten oder grillen. Im Mixer zu einer glatten Soße pürieren. Diese in die Brühe geben und alles in einem Topf zum Kochen bringen.
◆ Das Fleisch in Scheiben oder Stücke schneiden und portionsweise in Schalen anrichten. Jeweils 110 ml Soße über eine Portion geben. Mit Zwiebeln und Oregano bestreuen und heiße Tortillas dazu reichen. Dieses Rezept reicht für 4–8 Personen, je nach dem, wie hoch der Knochenanteil bei der ursprünglichen Fleischmenge war. Natürlich spielt auch der Appetit der Gäste eine Rolle!

»BIRRIA«-SCHMORTOPF

Hier eine andere Version, die eher einem Gulasch als einer traditionellen Birria ähnelt:

FÜR 4–8 PERSONEN

4 Ancho-Chilis
ca. 3 kg Fleisch (wie im vorangegangenen Rezept)
5–10 Knoblauchzehen
7 Gewürznelken
1 Zimtstange
1 EL getrockneter Oregano
2 Dosen Tomaten, mit Flüssigkeit
110 ml Weinessig
Salz und Pfeffer
1 Flasche Bier
1 große rote Zwiebel zum Garnieren

◆ Chilis wie auf Seite 12–13 beschrieben vorbereiten. Das Fleisch in mundgerechte Stücke schneiden.

◆ Die eingeweichten, abgetropften Chilis mit dem Knoblauch, Nelken, Zimt, Oregano, Tomaten, Essig und Gewürzen im Mixer pürieren. Dies muß eventuell in mehreren Portionen geschehen. Wenn die Soße glatt ist, das Bier zufügen und noch einmal durchmischen.

◆ Das Fleisch in eine feuerfeste Kasserolle oder einen Bratentopf geben. Die Soße darüber verteilen und den Topf verschließen. Köcheln lassen, bis das Fleisch nach etwa 3 Std. sehr zart ist.

◆ Mit der in dünne Scheiben geschnittenen Zwiebel und heißen Tortillas servieren.

CARNE DE RES CON NOPALITOS

❖❖❖❖❖❖❖❖❖❖❖❖❖❖❖❖❖❖❖❖❖❖❖❖❖❖❖❖❖❖❖❖❖

Nopalitos sind die frischen, jungen Sprossen einiger Kaktusarten, ohne Stacheln selbstverständlich. Nopalitos in Flaschen oder Dosen, eignen sich gut für dieses Gericht.

❖

FÜR 4–6 PERSONEN

3 kg Rindfleisch, in 5 cm große Würfel geschnitten
4 EL Olivenöl oder Schmalz
1 große Zwiebel, fein gehackt
2–4 Knoblauchzehen, fein gehackt
1 Dose oder Flasche Nopalitos
300 g Tomatillos aus der Dose
6 Serrano-Chilis aus der Dose oder 3 frische, gehackt
4 EL Tomatenmark
225 ml Rinderbrühe
1 Handvoll frischer Koriander, gehackt
Salz und Pfeffer

❖ Das Rindfleisch portionsweise im Öl oder Schmalz braun braten. In eine feuerfeste Kasserolle oder einen flachen Bratentopf geben. In demselben Fett die Zwiebel und den Knoblauch golden braten und zum Rindfleisch geben.

❖ Die Nopalitos abtropfen lassen und gründlich abspülen. Mit den anderen Zutaten zum Fleisch geben. Die Tomatillos nicht abtropfen lassen. Zum Kochen bringen und bei geringer Hitze 2¹/₂ –3 Std. köcheln lassen, bis das Fleisch sehr zart ist.

CARNE DE RES CON TOMATILLOS

❖❖❖❖❖❖❖❖❖❖❖❖❖❖❖❖❖❖❖❖❖❖❖❖❖❖❖❖❖❖❖❖❖

Dieses Gericht hat trotz des ähnlich klingenden Namens wenige Gemeinsamkeiten mit »Carne de Res con Nopalitos«.

❖

FÜR 6 PERSONEN

1 kg Rindersteak aus der Keule
2 EL Schmalz oder Olivenöl
1 Zwiebel, in Scheiben geschnitten
2 Knoblauchzehen, fein gehackt
300–400 g Chorizo
2 oder mehrere Serrano-Chilis aus der Dose
oder 1 oder mehrere frische Serranos, in Scheiben geschnitten
1 Handvoll frischer Koriander, gehackt
300 g Tomatillos
Salz und Pfeffer
12 neue Kartoffeln

❖ In einer schweren Bratpfanne das Fleisch von allen Seiten bräunen. In eine feuerfeste Kasserolle oder einen flachen Bratentopf geben. In demselben Öl oder Schmalz Zwiebel und Knoblauch braten, bis sie glasig sind. Die gepellte, in Würfel geschnittene Chorizo dazugeben. Noch etwas braten, bis etwas Fett aus der Wurst ausgetreten ist. Überschüssiges Fett abschöpfen. Die Mischung aus Zwiebel, Knoblauch und Chorizo zum Fleisch geben. Die anderen Zutaten (außer den Kartoffeln) hinzufügen. Mindestens 2 Std. köcheln lassen. Das Fleisch sollte sehr zart sein.

❖ In der Zwischenzeit die Kartoffeln kochen. Zum fertigen Fleisch geben und 5–10 Min. mitkochen, bis sie völlig heiß sind und Geschmack angenommen haben.

Rechts: Carne de Res con Nopalitos.
Links: Verkauf von Töpferwaren in Chicapa Guerrero.

PICADILLO

◆◆◆◆◆◆◆◆◆◆◆◆◆◆◆◆◆◆◆◆◆◆◆◆◆◆◆◆◆◆◆◆

Für einen Picadillo kann man das Fleisch entweder kleinschneiden, in feine Scheiben schneiden oder Hackfleisch verwenden. In dieser Version wird in dünne Scheiben geschnittenes Rindfleisch in etwa 1 cm breite und 5 cm lange Streifen geschnitten. Daneben verlangen die Originalrezepte Chayote als Zutat. Chayote, manchmal auch als »Gemüsebirne« bezeichnet, ist eine Art Kürbis mit festem Fleisch. Der beste Ersatz hierfür wäre ein großer, fester, saurer Kochapfel, obwohl das Aroma dann nicht so gut ist. Wenn man Chayote nicht bekommen kann, sollte man ihn einfach weglassen.

◆

FÜR 4–6 PERSONEN ALS HAUPTGERICHT

1 kg mageres Rindfleisch
4 EL Olivenöl oder Schmalz
1 mittelgroße Zwiebel
2–4 Knoblauchzehen
1 Chayote, geschält und in Würfel geschnitten
1 große Kartoffel, geschält und in Würfel geschnitten
2 große Tomaten, grob gehackt
2 Möhren, geschält und in Scheiben geschnitten
1 Zucchini, in Scheiben geschnitten
30 g Rosinen
3 oder mehr Jalapeno-Chilis aus der Dose, kleingeschnitten
10 mit Paprika gefüllte Oliven, halbiert
je 1 große Prise Zimt und gemahlene Nelken
(etwa $^1/_8$ TL)
Salz und Pfeffer
200 g Erbsen
60 g Mandelsplitter zum Garnieren

◆ Das Fleisch wie oben beschrieben in Streifen schneiden oder sehr fein hacken. In einer schweren Pfanne braten, bis es braun ist. Zwiebeln und Knoblauch dazugeben und golden werden lassen. Dann außer den Erbsen und den Mandelsplittern alle anderen Zutaten zufügen. Zum Kochen bringen und 20–30 Min. köcheln lassen. Die Kochzeit hängt davon ab, wie weich das Gemüse sein soll. 5 Min. vor dem Servieren die Erbsen dazugeben und unterrühren.

◆ Die Mandelsplitter in wenig Oliven- oder Mandelöl rösten. Dabei muß die Pfanne ständig geschüttelt werden, damit die Mandeln nicht anbrennen und bitter werden. Wenn sie goldbraun sind, über den Picadillo streuen.

PICADILLO DE LA COSTA

Wie unterschiedlich Picadillo in den verschiedenen Landesteilen zubereitet wird, merkt man, wenn man die Variante von der Küste ausprobiert.

◆

FÜR 4–6 PERSONEN

450 g Hackfleisch vom Schwein
450 g Hackfleisch vom Kalb
2 EL Olivenöl
2 Zwiebeln, fein gehackt
2 Knoblauchzehen, fein gehackt
2 große Tomaten, gehäutet, entkernt und gehackt
2–4 frische Serrano-Chilis
3 dicke Scheiben frische Ananas
3 Plantanos oder Bananen
3 Birnen oder Äpfel, geschält und vom Kerngehäuse befreit
je 1 große Prise gemahlener Zimt und Nelkenpulver
(etwa $1/8$ TL)

Salz und Pfeffer
60 g Mandelsplitter zum Garnieren

◆ Das Fleisch in einer schweren Pfanne in dem Öl bräunen. Überschüssiges Fett abgießen. Zwiebeln und Knoblauch dazugeben und golden werden lassen. Dann die Tomaten und die feingeschnittenen Chilis etwa 15 Min. mitköcheln lassen und nach Geschmack mit Salz und Pfeffer würzen.

◆ Die Ananasscheiben schälen und in Stücke schneiden, die Plantanos in 2 cm dicke Scheiben schneiden. Statt Plantanos kann man auch etwas unreife Bananen nehmen. Birnen oder Äpfel in Stücke schneiden und dann die Früchte und Gewürze zum Picadillo geben. 15 Min., aber keinesfalls länger, mitkochen. Wenn das Obst länger mitkocht, zerfällt es.

◆ Die Mandelsplitter wie im vorangegangenen Rezept rösten und als Garnierung über den Picadillo streuen.

GEGENÜBERLIEGENDE SEITE: Picadillo.
UNTEN: Auf dem Markt von Inchitan.

POZOLE

(Schweinefleisch mit Hominy)

Pozole ist ein klassisches, einfaches Bauerngericht. Im Prinzip besteht es aus preiswertem Schweinefleisch mit viel Knochen, z.B. Kopf, Haxen oder die hinteren Rippchen, das mit Knoblauch weichgekocht und dann mit Hominy und Chili zubereitet wird. In diesem Rezept verwendet man Rippchen. Wer es traditionell bevorzugt, nimmt statt dessen einen halben Schweinekopf. Jeder sollte einen Teil des Ohrs abbekommen, das Auge ist für den Ehrengast reserviert. Wenn man es mit der Tradition nicht so genau nimmt, kann man die Hälfte der Rippchen durch mageres, in Würfel geschnittenes Schweinefleisch ersetzen. Einen Luxus-Pozole erhält man, wenn man noch ein Hähnchen dazugibt.

◆

FÜR 4 PERSONEN

**1 kg Schweinerippchen
1 kleine Knoblauchzwiebel
1 mittelgroße Zwiebel (nach Belieben)
660 g Hominy aus der Dose
1 getrocknete rote Ancho-Chili
Salz
Zum Garnieren: Zwiebel, Salat oder Kohl, Rettich, Tostadas
und Limonenscheiben**

◆ Die Rippchen mit dem Knoblauch zusammen kochen, bis sie weich sind. Nach Belieben eine Zwiebel dazugeben. Das Fleisch nur knapp mit Wasser bedecken. Wenn es weich wird und anfängt zu zerfallen, wird es mit der Brühe zu dem Hominy und der zerkleinerten Chili gegeben. Das Ganze muß dann noch 1 Std. kochen.

◆ Garniert wird der Eintopf nach Belieben mit den folgenden Zutaten: feingeschnittene Zwiebel, Salat- oder Kohlstreifen, Rettich, Tostadas und Limonenscheiben.

MOLE DE OLLA

Unter Moles de Olla versteht man Eintopfgerichte, in denen verschiedene Fleischsorten mit Chili geschmort werden. Das Rezept unten stellt einen Mole de Olla Estilo Atlixco vor (nach Atlixco-Art), hier werden die verschiedenen Fleischsorten durch zwei Wurstarten ersetzt, man nimmt für dieses Gericht die würzige Chorizo und die mildere Longanzina. Der Wurstanteil kann nach Geschmack verändert werden.

◆

FÜR 6 PERSONEN

**6 Ancho-Chilis
2 EL Schmalz oder Olivenöl
350 g Chorizo
350 g Longanzina
225 g Schweinefleisch zum Schmoren, ohne Knochen
1 ca. 1¹/₂ kg schweres Hähnchen
2 EL Sesamkörner
2 EL geschälte, ungesalzene Kürbiskerne
60 g Mandeln
1 mittelgroße Zwiebel
2–5 Knoblauchzehen
1 große Tomate
1 TL Oregano
450 ml Hühnerbrühe
Salz und Pfeffer**

◆ Die Chilis wie auf Seite 12–13 beschrieben vorbereiten. Während der Einweichzeit die Würste pellen und kleinschneiden, das Hähnchen in mundgerechte Stücke zerteilen und das Schweinefleisch würfeln.

◆ In dem Öl oder Schmalz nacheinander die Wurst, das Schweinefleisch und zuletzt das Hähnchenfleisch anbraten. Alles in eine feuerfeste Kasserolle oder einen flachen Bratentopf geben.

◆ Die Sesamkörner in einer trockenen Pfanne rösten, diese während des Röstens häufig schütteln, damit die Körner nicht herausspringen. Im Mörser oder einer Gewürzmühle zermahlen. Wenn die Körner ungeröstet in den Mixer gegeben werden, geht ein großer Teil des Aromas verloren.

◆ Sesamkörner, Kürbiskerne, Mandeln, Chilis, Zwiebel, Knoblauch, Tomate und Oregano im Mixer pürieren, bis eine glatte Paste entstanden ist. Diese Mischung im Bratfett ca. 5 Min. erhitzen, dabei ständig rühren. Die Soße sollte am Schluß deutlich dicker und dunkler sein. Die Brühe zufügen, verrühren und über das Fleisch geben. Zum Kochen bringen, dann die Hitze reduzieren und 1 Std. oder länger köcheln lassen – wie immer gewinnt auch dieses Gericht mit der Länge der Kochzeit (wenn man es nicht übertreibt).

LINKS: Käse- und Wurstverkauf in Toluca.
GEGENÜBERLIEGENDE SEITE: Zubereitung von Papaya in Mexiko City.

GEGENÜBERLIEGENDE SEITE: Puerco
con Repollo y Elote.
RECHTS: Die Stadt der Toten.

CALABACITAS CON CARNE DE PUERCO

(Schweinefleisch mit Zucchini)

Dies ist ein unkompliziertes Gericht. In der ursprünglichen Version werden die Rippchen kleingehackt. Wenn man Fleischrippen nimmt, ist der Geschmack ähnlich, der Verzehr aber erheblich vereinfacht, da man beim Essen nicht ständig mit den Knochen kämpfen muß. Soja-Soße ist nicht gerade ein typisch mexikanisches Gewürz, findet aber in der mexikanischen Küche immer häufiger Verwendung.

◆

FÜR 4 PERSONEN

1 kg Fleischrippen (4 Rippen)
6 Zucchini, in Scheiben geschnitten
1 mittelgroße Zwiebel, in Scheiben geschnitten
2 mittelgroße Tomaten, in Scheiben geschnitten
2 grüne California-Chilis
oder 1 rote Paprikaschote
450 ml Fleischbrühe
1 EL Soja-Soße
Fett zum Braten
Salz und Pfeffer

◆ Die Rippen goldbraun braten und nach Geschmack würzen. Überschüssiges Fett abgießen. Alle anderen Zutaten dazugeben, den Topf verschließen und bei geringer Hitze mindestens 1 Std. kochen lassen – 2 Std. wären auch nicht zu lang. Mit Arroz Cacero Rojo servieren, das ist Reis, der mit etwas Pasilla-Pulver gewürzt wird. Salzkartoffeln oder Kartoffelpüree paßt ebenfalls gut zu diesem Gericht, als Gemüsebeilage wird gerne Mais gereicht.

PUERCO CON REPOLLO Y ELOTE

(Schweinefleisch mit Kohl und Mais)

Ein moderner Mexikaner würde dieses Gericht wahrscheinlich mit Dosenmais zubereiten. Tiefgefrorener Mais kann auch verwendet werden, aber das beste Aroma entwickelt sich, wenn man frische Maiskörner von 2 oder 3 Kolben verwendet.

◆

FÜR 6 PERSONEN

750 g Schweinerippchen, kleingehackt
1 mittelgroße Zwiebel, in Scheiben geschnitten
2 große Tomaten, in Scheiben geschnitten
2 Knoblauchzehen
1 Prise Kreuzkümmelsamen
8 Pfefferkörner
2 EL Essig
1 mittelgroßer Weißkohl
(in Streifen geschnitten)
350 g Mais
Salz und Pfeffer

◆ In einer schweren, feuerfesten Kasserolle oder einem flachen Bratentopf das knapp mit Wasser bedeckte Fleisch weich kochen. Wenn die Rippchen nach etwa 1 Std. weich sind, Zwiebel und Tomate zufügen und einige Min. mitkochen lassen.
◆ Knoblauch, Kümmel, Pfefferkörner und Essig im Mixer vermischen. Mit dem Kohl und dem Mais zum Fleisch geben. Alles gut verrühren und abschmecken. Das Gericht ist fertig, wenn der Kohl gar ist. Mit gekochtem Reis servieren.

LINKS: Mancha Mantel.
GEGENÜBERLIEGENDE SEITE: Vor dem
Kochen werden die Bohnen gewaschen.

MANCHA MANTEL

◆◆◆◆◆◆◆◆◆◆◆◆◆◆◆◆◆◆◆◆◆◆◆◆◆◆◆◆◆◆◆

(»Tischtuchbekleckser«)

»Mancha Mantel« bedeutet soviel wie »Tischtuchbekleckser«, und wenn man die Farbe des Gerichts sieht, weiß man sofort warum und würde am liebsten den Ausgehanzug gegen irgend etwas Altes tauschen, bevor man mit dem Essen beginnt. Es kann mit Schweinefleisch oder mit Geflügel zubereitet werden. Dieses Rezept enthält eine Mischung von beidem. Bei anderen Versionen werden feste, saure Äpfel mitgekocht (statt Jicama). Tomatillos werden häufig verwendet, ebenso wie Birnen, Erbsen oder auch Dosenananas, statt frischer (obwohl diese die Konsistenz des Gerichts völlig verändert).

◆

FÜR 4–6 PERSONEN

350 g Schweineschmorbraten, ohne Knochen
1 ca. 1,5 kg schweres Hähnchen
3 EL Fett oder Öl
24 Mandeln
2–5 cm Stangenzimt
1½ EL Sesamkörner
5 Ancho-Chilis
2 mittelgroße Tomaten
6 Knoblauchzehen (nach Belieben), ungeschält
1 dicke Scheibe Ananas, in Würfel geschnitten
1 kleine Plantano oder 1 etwas unreife Banane
1 kleine (250 g) Jicama
Salz (ca. 1 EL)
200 g Erbsen (nach Belieben)

◆ Das Schweinefleisch in 4 cm große Würfel schneiden. In einem Topf knapp mit Wasser bedecken, etwas Salz zugeben und zum Kochen bringen. 25 Min. köcheln lassen. Das Fleisch abtropfen lassen, die Brühe abseihen und aufheben. Sie wird mit Wasser oder Brühe (Fleisch- oder Hühnerbrühe) auf 1 l ergänzt.

◆ Das Hähnchenfleisch in mundgerechte Stücke schneiden, in eine schwere, feuerfeste Kasserolle oder einen flachen Bratentopf geben und in dem Öl rundherum braun braten. Am besten brät man das Fleisch in mehreren Portionen. In demselben Öl werden nacheinander die Mandeln (mit Haut), die Zimtstange und die Sesamkörner geröstet. Diese in den Mixer geben. Die Chilis entkernen und von der Innenhaut befreien, im restlichen Öl braten und ebenfalls in den Mixer geben.

◆ Den ungeschälten Knoblauch ohne Öl in einer Bratpfanne oder auf einem Backblech rösten. Nach 10–15 Min. ist er sehr weich und die aufgeplatzte, geschwärzte Haut läßt sich leicht entfernen. Den geschälten Knoblauch in den Mixer geben.

◆ 250 ml Brühe dazugeben und alles pürieren. Zu diesem Zeitpunkt auf keinen Fall mehr Brühe dazugeben, da die Soße sonst zu dünn wird.

◆ Das Öl, das in der Pfanne verblieben ist, wieder erhitzen und den Inhalt aus dem Mixer dazugeben. Unter ständigem Rühren 3–5 Min. kochen lassen. Die Soße soll am Ende dunkel und dick sein. Mit der restlichen Brühe auffüllen und zum Sieden bringen. Fleisch und Früchte dazugeben und nach Geschmack salzen. Bei geringer Hitze mindestens 1 Std. köcheln lassen. Das Gericht ist fertig, wenn das Fleisch zart und das Gemüse weich ist. Wenn man noch Erbsen dazugeben möchte, sollte dies erst 5 Min. vor dem Ende der Kochzeit geschehen, da sie sonst zerkochen.

◆ Das Ganze heiß mit frisch gebackenen Tortillas servieren.

FAJITAS

Fajita ist nicht die Bezeichnung für ein Gericht oder eine besondere Zubereitungsart, sondern der Name eines speziellen Fleischstücks. Unter Fajita versteht man den Bauchlappen vom Rind, ein ziemlich zähes Stück Fleisch, das von einer knorpeligen Haut überzogen ist. Vor der Zubereitung muß diese Haut entfernt und das Fleisch weich gemacht werden. Der äußere Teil des Bauchlappens kommt vom Zwerchfell, der innere (la Faja de Adentro) vom inneren Teil der Hüfte. Er ist etwas weniger zäh. Traditionell war Fajita sehr preiswertes Fleisch und spielte daher auch bei ländlichen Gerichten in vielen Regionen eine Rolle. In reicheren Gegenden der Vereinigten Staaten wurden Fajitas oft zu billigen Hamburgern verarbeitet. Das, was man heute unter Fajita versteht, ist wahrscheinlich eine Tex-Mex Erfindung der frühen zwanziger Jahre.

Gut zubereitete Fajitas können zweifellos köstlich sein. Bereitet man andere Fleischstücke auf diese Art zu, werden sie zwar anders schmecken, aber im Zweifelsfall noch besser als die eigentlichen Fajitas. Darüber hinaus sind Fajitas in vielen Geschäften maßlos überteuert. Als dieses Buch geschrieben wurde, kosteten Fajitas in Mittelkalifornien fast ebensoviel wie Porterhouse-Steaks oder Filetsteaks (Filet mignon). Fajitas und auf diese Weise zubereitetes Fleisch können wie Steaks gegessen werden, oder man schneidet es in Streifen und steckt es in ein Taco, Burrito oder in ein Fladenbrot.

Um echte Fajitas zuzubereiten, legt man das Fleisch auf ein Brett und schneidet zunächst vorsichtig das Fett ab. Hierzu benötigt man ein scharfes Messer und viel Zeit. Als nächstes wird die zähe äußere Haut entfernt. Für diesen Arbeitsschritt sollte man eigentlich 3 Hände haben: eine, um das Steak festzuhalten, eine zum Anheben der Haut und die dritte, um mit dem Messer Haut und Fleisch zu trennen. Wenn die Haut entfernt ist, wird das Fleisch mit einem scharfen Messer rundherum eingeritzt, dabei mit der Faser und gegen die Faser schneiden. Zusätzlich noch mit einer Gabel einstechen, um es noch weicher zu machen. Man kann auch einen Schlegel verwenden, aber das Fleisch wird dann breiig. Jetzt kann das Fleisch mariniert werden.

Nimmt man andere Fleischstücke und bereitet sie nach Fajita-Art zu, bleibt einem all dies erspart. Das Fleisch wird in Scheiben (2–2,5 cm dick) mariniert. Nach mehrmaligem Wenden, wenn es von der Marinade gleichmäßig bedeckt ist, stellt man es für mindestens 12, aber auch bis zu 24 Stunden in den Eisschrank. Vor der eigentlichen Zubereitung wird das Fleisch in 15 cm lange Streifen geschnitten.

◆ Das Fleisch 1–2 Std. vor der Zubereitung aus dem Eisschrank nehmen. Ein Geheimnis des Erfolgs, besonders beim Grillen, liegt darin, daß das Fleisch Zimmertemperatur hat. Das Fleisch in 10–15 cm lange Streifen schneiden. Diese entweder in einer schweren Eisenpfanne oder einem Tiegel mit wenig Öl braten oder über dem Holzkohlengrill grillen. Nach letzterer Methode zubereitetes Fleisch schmeckt wahrscheinlich besser.

◆ Mit warmen Weizenmehltortillas (15 cm Durchmesser) und folgenden Beilagen servieren: Salsa, in Scheiben geschnittene Zwiebel, Tomate, Paprikaschote, saure Sahne, Guacamole oder Avocado, in Streifen geschnittene Salatblätter, Frijoles Refritos, mexikanischer Reis.

MARGARITA-MARINADE

◆

3 Teile Limonensaft
1 Teil Triple Sec
2 Teile Tequila

◆ Der Limonensaft macht das Fleisch zart, der Triple Sec aromatisiert und süßt es, und auch der Tequila trägt zum Aroma bei. Eine rundherum gelungene Marinade!

LIMONENMARINADE

◆

225 ml Rinderbrühe
Saft einer großen Limone
3 EL Worcestershire-Soße
1–2 Knoblauchzehen, fein gehackt
1 EL gehackter Koriander

WEINMARINADE

110 ml einfacher Rotwein
(oder halb Rotwein, halb Essig)
3 EL Olivenöl
1–2 Knoblauchzehen, fein gehackt
1 EL gehackter Koriander

GEGENÜBERLIEGENDE SEITE: Fajitas mit Beilagen.

V A R I A N T E N

➤ Wer Lust auf etwas Außergewöhnliches hat und einigermaßen zartes Fleisch verwendet, kann aus den folgenden Zutaten eine Marinade mixen:

Brandy oder Whisky (Sorte nach Belieben) oder Rum
Rotwein oder Sherry
Bier
Essig (Wein- , Apfelessig etc.)
Saft von beliebigen Zitrusfrüchten
Ananassaft
Scharfe Soße oder getrocknete rote Chilis, eingeweicht und gehackt

Soja-Soße oder Worcestershire-Soße
Zwiebel, Knoblauch
frischer Koriander und frisch gemahlener Koriandersamen
Rosmarin, Basilikum, Salbei, Thymian, Oregano,
Kreuzkümmel, ganze Pfefferkörner, schwarz oder grün

➤ Wer Süßes liebt, kann noch Zucker (braun oder weiß) oder Honig dazugeben. Dieses Gericht wird auf keinen Fall eine traditionelle ländliche Mahlzeit sein, für welche Zutaten man sich auch entscheidet. Immerhin ist es hinreichend mexikanisiert, um in vielen mexikanischen Restaurants auf der Karte zu stehen.

TAMALES

◆◆◆◆◆◆◆◆◆◆◆◆◆◆◆◆◆◆◆

*Tamales werden aus derselben Masa Harina hergestellt wie
Maistortillas (siehe Seite 16), dem Teig wird jedoch Schmalz zugefügt.
Obwohl sich alles ganz einfach anhört, sind Tamales äußerst schwierig
herzustellen: sie fallen auseinander, bleiben an den Maishüllen kleben,
in denen sie über Dampf gegart werden, und sind überhaupt ziemlich
unberechenbar.*

FÜR 16–24 TAMALES

◆ Entweder stellt man die Tamales aus einfacher Masa her, oder
man entscheidet sich für eine etwas luxuriösere Variante mit
Hähnchen-, Schweine- oder Rinderbrühe. 500 g Masa werden mit
250 g Schmalz vermischt. Das Schmalz wird zunächst schaumig
geschlagen, es muß leicht und flockig sein. Den Teig (Zubereitung

Seite 16) und das Schmalz miteinander verrühren, bis ein leichter,
weicher, etwas breiiger Teig entstanden ist. Zur Probe einen Löffel
Teigmasse in Wasser geben: Der Teig sollte oben schwimmen.
◆ Wenn getrocknete Maisblätter verwendet werden, müssen diese
zunächst in heißem Wasser ¹/₂–1 Std. lang eingeweicht werden. Dann
das Wasser abschütten. 1 EL Teigmasse in die Mitte jeden Blatts
geben und den Teig mit den Fingern auseinanderziehen, er sollte
etwa 1 cm dick sein. Viel leichter geht dies mit einer Tortillapresse.
Jeweils 1 EL Füllung in die Mitte des Teigs geben, das Blatt aufrollen,
um die Füllung einzuwickeln, und die Enden übereinanderfalten. In
ein zweites Blatt wickeln und die Enden mit Küchenzwirn zubinden.
◆ Die Tamales mit dem unteren Ende der Hüllen nach unten in
einen Dämpfeinsatz geben und über kochendem Wasser etwa 1 Std.
dämpfen. Sie sind gar, wenn der Teig sich von der Hülle zu lösen
beginnt.

FÜLLUNG

4–6 Knoblauchzehen
3 California-Chilis
450 g gut gegartes Rind-, Schweine- oder Hähnchenfleisch
1 Ancho-Chili

◆ Die Chilis wie auf Seite 12–13 beschrieben vorbereiten. Während der Einweichzeit das Fleisch mit zwei Gabeln zerteilen.
◆ Die Chilis mit dem Knoblauch und etwas Einweichflüssigkeit im Mixer pürieren. Das Püree in einer Pfanne 5 Min. lang unter ständigem Rühren eindicken, dann das Fleisch dazugeben.

◆

VARIANTEN

➤ Die Masa kann man u.a. verändern, indem man der Brühe 100 g Sahne hinzufügt und gleichzeitig den Grundteig mit jeweils ¼ TL Kreuzkümmel und Oregano und einer eingeweichten, pürierten getrockneten Chili anreichert.
➤ Die Füllung kann mit Tomaten, Zwiebeln und Kräutern wie Rosmarin, Thymian, Oregano und Kreuzkümmel variiert werden.

TAMALE PASTETE

Fast das gleiche Ergebnis, jedoch ohne die Mühe mit den Maisblättern, läßt sich mit einer Pastete aus Tamale-Teig erzielen. Den Teig wie im vorangegangenen Rezept beschrieben vorbereiten. Dann legt man eine eingefettete, 2 l fassende Kasserolle damit aus. Ein Teil des Teigs wird zurückbehalten und als Haube über die Füllung gegeben.

HÄHNCHEN-TAMALE-PASTETE

FÜR 6–8 PERSONEN

1 ca. 1,5 kg schweres Hähnchen
6 getrocknete rote Chilis (Arbol, Ancho)
1 große Zwiebel, gehackt
5–10 Knoblauchzehen, gehackt
3 große Tomaten, gehäutet, entkernt und gehackt
oder 1 Dose geschälte Tomaten (330 g)
60 g geschälte Mandeln
100 g Rosinen
2 EL Schmalz oder Olivenöl
Salz und Pfeffer nach Belieben

◆ Das Hähnchen knapp mit Wasser bedecken und sehr weich kochen. Nach dem Abkühlen das Fleisch von den Knochen lösen. Die Brühe aufheben, sie kann für die Zubereitung des Teigs verwendet werden. Fett, Knochen und Haut wegwerfen und das Fleisch in große Stücke schneiden.
◆ Die Chilis entkernen und 1 Std. lang in einer Tasse Wasser einweichen. Das Einweichwasser aufheben!
◆ Zwiebeln, Knoblauch, Tomaten, Mandeln, Rosinen und eingeweichte Chilis mit einer Portion Einweichwasser in den Mixer geben und grob pürieren. Diese Masse in dem Öl bei mäßiger Hitze und unter ständigem Rühren 5 Min. eindicken. Abschmecken.
◆ Das Hähnchen in die mit Teig ausgelegte Kasserolle legen (siehe oben) und mit der Hälfte der Soße bedecken. Mit dem restlichen Teig verschließen und bei 180° eine Stunde lang backen. Die andere Hälfte der Soße wird vor dem Servieren erhitzt und über die Pastete gegeben.

SCHWEINEFLEISCH-TAMALE-PASTETE

◆ Für die Pastete benötigt man 1 kg Schweinefleisch, in 5 cm große Würfel geschnitten. Etwa 1½ Std. kochen, bis es zart ist. Für den Teig statt der Hühnerbrühe den Schweinefond verwenden. Wie oben zubereiten, aber mit folgendem Soßenrezept:

1 mittelgroße Zwiebel, gehackt
3–6 Knoblauchzehen, gehackt
3 getrocknete Chilis
3 große Tomaten oder 1 Dose
½ TL gemahlener Koriander
1 TL getrockneter oder ½ TL frischer Oregano
1 Lorbeerblatt

GEGENÜBERLIEGENDE SEITE: Tamales.
LINKS: Tamales nach der Art von Inchitan.

HÄHNCHEN
UND TRUTHAHN

Hähnchen und Truthahn spielen in der mexikanischen Küche eine wichtige Rolle. Sie werden entweder mit anderen Fleischsorten kombiniert oder sind, wie in den folgenden Rezepten, Hauptbestandteil eines Gerichts.

TRUTHAHN IN MOLE
POBLANO

Das mexikanische Wort für Truthahn ist nicht das spanische »Pava«, sondern »Guajolote«, das lautmalerisch die Töne beschreibt, die diese Vögel von sich geben. Truthähne sind typisch amerikanische Vögel: Die englische Bezeichnung »Türkenvogel« (»turkey-fowl«) beruht auf

Mißverständnissen und ungenauen Nachforschungen der Englisch spre-chenden Europäer, die diese Vögel zuerst entdeckten und ihnen ihren Namen gaben.

Das folgende Gericht ist wirklich königlich anspruchsvoll, da Schokolade die Speise aztekischer Könige und Hoherpriester war. Käufliche Schokoladensoßen sind sehr gut, aber diese hier ist besser.

◆

FÜR 6–12 PERSONEN

1 ca. 3,5 kg schwere Pute, in Portionsstücke geteilt
12 Ancho- oder Pasilla-Chilis (Anmerkung unten beachten)
4 EL Sesamkörner
$^1/_2$ TL Koriandersamen
2 Zwiebeln, gehackt
4 Knoblauchzehen, geschält und gehackt
1 Tasse geschälte Mandeln
$^1/_2$ Tasse Rosinen
$^1/_2$ TL Nelkenpulver
$^1/_2$ TL gemahlener Zimt
3 Zweige frischer Koriander
$^1/_2$ TL Anis
1 Tortilla
3 mittelgroße Tomaten, gehäutet,
entkernt und gehackt
4 EL Schmalz
60 g dunkle (ungesüßte) Schokolade
(in einigen Rezepten wird mexikanische
Schokolade verwendet)
Salz und Pfeffer

◆ Die Pute knapp mit Wasser bedecken, salzen und das Wasser zum Kochen bringen. 1 Std. sieden lassen. 2 Tassen Brühe aufheben. Die Putenstücke gründlich abtrocknen (mit Küchenpapier) und portions-weise im Schmalz braten.

◆ Die Chilis wie auf den Seiten 12–13 beschrieben vorbereiten. Ideal wären 6 Anchos, 4 Pasillas und 4 Mulatos. Aber man kann wahrscheinlich zufrieden sein, wenn es gelingt, entweder Anchos oder Pasillas zu erstehen.

◆ Die Sesamkörner in einer trockenen Pfanne rösten, diese dabei ständig schütteln. Die Hälfte in einem Mörser zerkleinern, um die Schalen aufzubrechen. Koriandersamen ebenfalls rösten und mah-len.

◆ In einem Mixer die gemahlenen Sesamkörner mit folgenden Zutaten pürieren: Zwiebeln, Knoblauch, Mandeln, Rosinen, Nelken, Zimt, Koriander (Samen und Blätter), Anis, Tortilla, Chilis und Tomaten.

◆ Dieses Püree in dem verbliebenen Schmalz in der Pfanne erhit-zen. Eventuell noch 1 EL Schmalz zugeben. Bei starker Hitze die Mischung 5 Min. ständig umrühren, danach die Brühe, die Schokolade (in kleine Stücke gebrochen oder geraspelt) und nach Belieben Pfeffer und Salz zugeben. Bei geringer Hitze kochen lassen, bis die Schokolade schmilzt. Die Soße sollte ziemlich dick sein, von ähnlicher Konsistenz wie Schlagsahne in ungeschlagenem Zustand.

◆ Die Putenstücke in eine feuerfeste Kasserolle oder einen flachen Bratentopf legen und die Soße darübergießen. Bei 90° im Ofen oder bei kleinster Hitze auf dem Herd 30–45 Min. garen. Mit den restli-chen gerösteten Sesamkörnern garnieren. Mit Tortillas, Bohnen und Reis als Beilagen ist diese Menge für etwa 12 Personen berechnet. sollten die Gäste sehr hungrig sein, reicht es für etwa 6 Personen.

AVES CON CHILES

(Geflügel mit Chilis)

FÜR 4 PERSONEN

500 g gekochtes Hähnchen- oder Putenfleisch
4 Poblano-Chilis
1 große rote Zwiebel, gehackt
2–3 EL Schmalz oder Olivenöl
225 ml saure Sahne
200–250 g geriebener Cheddar
Salz und Pfeffer

◆ Für dieses Gericht können Geflügelreste verwendet werden. Das Fleisch wird entweder in Würfel geschnitten oder mit der Gabel zer-teilt. Hier wird, als Luxusversion, zerkleinerte Hähnchenbrust ver-wendet.

◆ Die Chilis wie auf den Seiten 12–13 beschrieben rösten und häu-ten, Kerne und Innenhaut entfernen, Chilis würfeln.

◆ Die Zwiebel in dem Öl oder Schmalz glasig braten. Hähnchen und Chilis dazugeben und unter häufigem Rühren etwa 5 Min. heiß werden lassen.

◆ Saure Sahne und geriebenen Käse dazugeben und nach Geschmack würzen. Ständig rühren, etwa 2–3 Min., bis der Käse geschmolzen ist.

GEGENÜBERLIEGENDE SEITE: Zubereitung von Mole in Mexiko
UNTEN: Aves con Chiles.

HÄHNCHEN MIT KORIANDER

Dieses Gericht ist auf elegante Weise einfach. Es ist ziemlich reichhaltig und daher ideal für einer ausgiebige Comida, bei der die einzelnen Gänge relativ klein sind.

◆

FÜR 4–6 PERSONEN

4 kleine Hähnchenbrustfilets, ohne Knochen und Haut
1 kleine Zwiebel
mindestens 1 Knoblauchzehe
2 EL gehackte Korianderblätter
4 EL Olivenöl oder Butter
(oder eine Mischung aus beidem)
Salz und Pfeffer

◆ Zwiebel und Knoblauch hacken und in Öl oder Butter zart und glasig braten (spanisch »crystalline«).

◆ Das Fleisch in 2–3 cm große Würfel schneiden, dann mit der Zwiebel und dem Knoblauch braten, bis es gar ist. Die Garzeit hängt von der Temperatur und der Größe der Fleischwürfel ab, sollte aber 5–10 Min. nicht überschreiten. Das Fleisch sollte leicht gebräunt sein, es muß aber nicht rundherum braun sein. Die gehackten Korianderblätter drüberstreuen und kurz umrühren. Das Gericht servieren. Normalerweise wird der Bratensaft als Soße dazu gereicht. Eine viel aromatischere und dunklere Soße erhält man, wenn man den Bratensaft mit einem halben Glas trockenem Weißwein oder Wermut löst.

◆ Als Beilage wird einfacher gekochter Reis serviert. Je nach dem Umfang anderer Beilagen reicht dieses Rezept für 4–6 Personen.

POLLO EN SALSA DE PIPIAN

(Huhn in Kürbiskernsoße)

3 Ancho-Chilis
2 Knoblauchzehen
1 l Hühnerbrühe
125 g Erdnußbutter
225 g Kürbiskerne (Pipian)
3 Maistortillas, in Stücke geschnitten
4 Hähnchenviertel, gekocht

◆ Die Chilis wie auf den Seiten 12–13 beschrieben vorbereiten. Wenn sie weich sind, abtropfen lassen. Mit den übrigen Zutaten (außer dem Fleisch) im Mixer zu einer glatten Paste verarbeiten. Falls die Menge zu groß sein sollte, in Portionen mixen.

◆ Das Geflügel in eine feuerfeste Kasserolle oder einen flachen Bratentopf geben, die Soße darübergießen und bei niedriger Hitze 25 Min. garen lassen. Man kann die Kasserolle auch in den Backofen stellen (120°). Dann beträgt die Garzeit etwa 1 Std. Gelegentlich umrühren.

LINKS: Hähnchen mit Koriander.
GEGENÜBERLIEGENDE SEITE:
Fiesta in Huejofango.

DESSERTS

◆◆◆◆◆◆◆◆◆◆◆◆◆◆◆◆◆◆◆◆◆◆◆◆◆◆◆◆◆◆

Ein Postre oder Nachtisch rundet die Mahlzeit ab, falls man noch Appetit hat. Es folgt eine kleine Auswahl der beliebtesten mexikanischen Nachspeisen.

◆

FLAN

◆◆◆◆◆◆◆◆◆◆◆◆◆◆◆◆◆◆◆◆◆◆

Unter »Flan« versteht man eine im Wasserbad gegarte Eiercreme, die mit Karamel überzogen ist. Sie kann aus Milch hergestellt werden und ist dann in der Konsistenz leichter, traditionell wurde die Milch einge-kocht, um ihre Menge zu reduzieren. Die meisten mexikanischen Köche verwenden heute Kondensmilch, mit der es am schnellsten geht.

◆

FÜR 6–10 PORTIONEN

2 l Milch
250 g Zucker
2 EL oder mehr Zucker für den Karamel
6–8 große Eier
6 große Eigelb
1 TL Vanilleextrakt

◆ Zunächst nur eine Tasse Zucker zur Milch geben und diese zum Kochen bringen. Unter regelmäßigem Rühren bei geringer Hitze so lange köcheln lassen, bis sich die Milchmenge nach ca. 45 Min. um die Hälfte reduziert hat.

◆ In einem schweren, beschichteten Topf 2 EL Zucker für den Karamel schmelzen. Der Topf muß ständig geschüttelt werden. Der Zucker wird zunächst klumpig, dann schmilzt er zu einer dunklen, honigbraunem Masse. Den flüssigen Karamel in eine metallene Backform gießen und diese schwenken, bis der Karamel den Boden gleichmäßig bedeckt. (Man kann die Form vorher leicht einölen oder buttern, damit der Flan nicht klebt.) Wenn man Einzelportionen zubereitet (das Rezept reicht für 6–10 kleine Flans), muß man zwei- bis dreimal so viel Zucker schmelzen, um alle Förmchen mit dem Sirup auszugießen. Den Karamel auf Zimmertemperatur abkühlen lassen.

◆ Die ganzen Eier, die Eigelb und den Vanilleextrakt zu einer glat-ten Masse verarbeiten. Die heiße, reduzierte Milch nach und nach unterschlagen. In die Form (bzw. Förmchen) gießen und auf Zimmertemperatur abkühlen lassen.

◆ Die Form (Förmchen) in ein tiefes Backblech stellen, das 5–7 cm hoch mit Wasser gefüllt ist. Das Garen im Wasser verhindert das Anbrennen des Flans. Bei 175° garen, bis die Creme fest wird. Für Einzelportionen beträgt die Garzeit etwa $\frac{1}{2}$ Std., die Creme in der großen Form braucht etwa 45 Min.

◆ Um den Flan im Ganzen aus der Form zu lösen, kühlt man die Form am besten sorgfältig und löst den Pudding dann mit einem sehr dünnen Messer aus der Form, ein dünner Spachtel ist ideal. Mit dem Spachtel rundherum ablösen, dann einen Teller auf die Form legen, das Ganze umdrehen und das Beste hoffen. Es ist sehr aufre-gend, wenn der Flan auf dem Teller landet. In Portionsstücke schnei-den und auf Puddingtellern servieren.

FLAN MIT KONDENSMILCH

So wie hier, unter Verwendung von gesüßter Kondensmilch, bereiten die Mexikaner normalerweise ihren Flan zu.

◆

FÜR 6 PERSONEN

2 EL Zucker (für den Karamel)
500 g gesüßte Kondensmilch
6 Eier
1 TL Vanilleextrakt
gemahlene Muskatnuß

◆ Den Karamel wie im vorangegangenen Rezept zubereiten. Die Form damit ausgießen und auf Zimmertemperatur abkühlen lassen.
◆ Milch, Eier und Vanilleexrakt sorgfältig verrühren und in die Form geben. Etwas Muskatpulver drüberstreuen.
◆ Wie oben beschrieben garen, entweder im Ofen oder im Wasserbad auf der Elektroplatte oder über der Gasflamme. Die Garzeit beträgt etwa 30 Min. Auf Zimmertemperatur abkühlen lassen, im Eisschrank kühlen und dann stürzen wie oben beschrieben.

PLANTANOS

Gebratene oder gebackene Bananen sind ein beliebtes mexikanisches Dessert. Die Plantanos müssen in viel heißem Öl gebraten werden bis sie golden werden, damit sie anschließend nicht mehr zäh sind.
Viele werden Bananen den Plantanos vorziehen. Schmalz eignet sich als Bratfett für diese Nachspeise hervorragend und hinterläßt keinen unangenehmen Beigeschmack. Es muß sehr heiß sein.
Man kann die Bananen oder Plantanos auch backen. Es dauert überraschend lang, bis sie weich sind, eine Viertelstunde bei 160° brauchen sie. Backen Sie vier Bananen mit den folgenden Zutaten:

◆

FÜR 4 PERSONEN

60 g Kristallzucker
$^1/_2$ TL Zimt
4 EL Butter, in Würfel geschnitten

VARIANTEN

➤ Sehr luxuriöse Varianten erhalten Sie auf folgende Weise:
➤ Die Bananen mit Schlagsahne und Zimt servieren.
➤ Die Bananen als Bananen-Split servieren (*vor dem Kochen klein-schneiden.*)
➤ Die gegarte Banane mit Rum flambieren. Wenn man hochprozentigen Rum verwendet, kann die Sache spannend werden, da dieser wie Feuerzeugbenzin brennt!

GEGENÜBERLIEGENDE SEITE: Flan.
UNTEN: Plantanos Fritos con Ron.

KUCHEN UND GEBÄCK

◆◆◆◆◆◆◆◆◆◆◆◆◆◆◆◆◆◆◆◆◆◆◆◆

In Mexiko gibt es eine große Auswahl an Feingebäck, das nach nord-amerikanischen Begriffen in der Beschaffenheit zwischen Kuchen und Gebäck liegt. Es wird ebenso häufig gekauft wie selbst hergestellt. Die fol-genden Rezepte sind einfach genug, um zu Hause ausprobiert zu werden.

◆

GALLETAS DE MEDIA LUNE

◆◆◆◆◆◆◆◆◆◆◆◆◆◆◆◆◆◆◆◆◆◆◆◆

FÜR 10–12 STÜCK

450 g Mehl
2 gestrichene TL Backpulver
200 g Butter
100 g Zucker
2 Eier
225 ml Milch
150 g Mehl zum Ausrollen
Erdbeermarmelade für die Füllung

◆ Mehl und Backpulver mischen, in die Mitte eine Vertiefung drücken und Butter, Zucker und Eier hineingeben. Alles gründlich mit der Hand zu einem glatten, festen Teig verarbeiten und nach Bedarf Milch zugeben. 6 mm dick ausrollen und mit einer Tasse oder einer halbmondförmigen Plätzchenform ausstechen. Von jeder Form jeweils zwei ausstechen. In 10–20 Min. bei 175° golden backen.

◆ Nach dem Erkalten jeweils ein Paar mit Marmelade zusammen-kleben.

POLVORONES

◆◆◆◆◆◆◆◆◆◆◆◆◆◆◆◆◆◆◆◆◆◆◆◆

(Zimtgebäck)

FÜR 20–24 STÜCK

100 g Zucker
225 g Schmalz
2 Eier
450 g Mehl
1 TL Backpulver
Zucker zum Bestreuen
1 gehäufter TL Zimt

◆ Den Zucker mit dem Schmalz verrühren. Die Eier hinzufügen und gut verrühren. Mehl und Backpulver sieben und alles gut mischen. Zu Bällen formen, diese mit den Fingern flach drücken und mit Zucker und Zimt bestreuen.

◆ Kekse (7,5–10 cm Durchmesser) bei 175° 25 Min. backen, kleine-re benötigen etwa 15 Min. Backzeit. Die größeren sind in Mexiko beliebter.

VARIANTEN

➤ Speisefarbe in den Teig einarbeiten.

➤ Dem Teig Zimt zufügen.

➤ Pflanzenfett statt Schmalz verwenden.

➤ In farbigem Zucker oder Liebesperlen wälzen.

GEGENÜBERLIEGENDE SEITE, OBEN:
Eine Auswahl an Gebäck, dazu die
beliebte heiße Schokolade.
UNTEN: Churros.
RECHTS: Polvorones.

CHURROS

◆◆◆◆◆◆◆◆◆◆◆◆◆◆◆◆◆◆

*Churros sind eine Art Krapfen, jedoch nicht rund, sondern in
Stangenform (ein Spritzgebäck). Sie werden auf Bestellung in
Churrerias angefertigt und verkauft. Sie zu Hause herzustellen lohnt
sich nur, wenn man unbedingt welche haben möchte und sie nirgendwo
kaufen kann. Vorsicht: Churros machen süchtig!*

FÜR 10–20 STÜCK

225 ml Wasser
1 EL Zucker
Salz
130 g Mehl
¹/₂ TL Backpulver
1 Ei
2 EL Butter
**Schmalz zum Fritieren (etwa 5 cm hoch
in einer tiefen Pfanne)**
Kristallzucker zum Dekorieren
¹/₂ TL gemahlener Zimt (nach Belieben)

◆ Das Wasser mit 1 EL Zucker und 1 Prise Salz zum Kochen bringen. Mehl und Backpulver sieben und in einer Portion in das Wasser geben. Mit einem Holzlöffel solange fest schlagen, bis ein glatter Teig entstanden ist. Dies dauert lange und ist mühsam. Das Ei und die Butter hinzufügen. Wieder schlagen: Die Mischung wird jetzt etwas dünner sein, aber immer noch teigähnlich und nicht flüssig. Sie sollte eine seidige, elastische Konsistenz haben.

◆ In einen stabilen Spritzbeutel geben. Ein dünner könnte platzen, wenn man den Teig herausdrückt. Auch dieser Arbeitsschritt ist mühsam. Traditionell wird eine sternenförmige Tülle verwendet, man kann die Churros aber auch mit den Fingern zu dünnen Rollen formen.

◆ Das Schmalz sehr heiß werden lassen, ca. 200°. 15 cm lange Teigstücke aus der Tüte drücken und goldbraun backen. Wenn die Backzeit verkürzt wird, sind die Churros in der Mitte noch weich. Mit einer Zange aus dem Fett nehmen und abtropfen lassen. In Zucker oder Zimt und Zucker wälzen.

◆ In Geschäften mit mexikanischen Spezialitäten kann man eine fertige Churro-Mischung kaufen, der nur noch Wasser beigegeben werden muß. Die Ergebnisse mit diesem Teig sind ausgezeichnet, und man spart eine Menge harte Arbeit.

ALKOHOLFREIE GETRÄNKE

Hier ist eine kleine Auswahl an Getränken, die man sowohl zur Mahlzeit als auch solo genießen kann.

◆

REFRESCOS

Refrescos sind Frucht-Mixgetränke, die mit kaltem Wasser aufgefüllt und mit Eis oder gut gekühlt serviert werden. Einige Rezepte sind recht ungewöhnlich.

◆

REFRESCO ROSADO

4 mittelgroße Möhren
3 dicke Scheiben Ananas, geschält
1 EL fein gehackte Walnüsse

◆ Die Möhren schälen und grob würfeln. Die Ananas würfeln und beides im Mixer zerkleinern. Mit 1 l Wasser auffüllen und auf zerstoßenem Eis servieren. Mit den Walnüssen garnieren.

REFRESCO DE PEPINO Y PINA

2–3 kleine geschälte Gurken
3 dicke Scheiben Ananas
Zucker nach Belieben

◆ Wie oben zubereiten, die gleiche Menge Wasser verwenden. Nach Belieben auch mit Sodawasser auffüllen.

SCHOKOLADE

Die »Speise der Götter« ist eine mittelamerikanische Spezialität. Am problemlosesten wird man Ibarra erhalten, eine Kakaomischung, die stark gesüßt und mit Zimt und Mandeln verfeinert ist. Der Anleitung auf der Packung folgen: 2 Portionen pro Tasse entsprechen normaler Stärke, Liebhaber stärkerer Schokolade können die Menge auch verdoppeln. Vollmilch bis fast zum Siedepunkt erhitzen, in einen Mixer geben und mit der Schokolade gut vermischen.

◆

ATOLE

Atole ist ein typisches Getränk, das auf verschiedene Arten hergestellt wird. Es muß aber vorher gewarnt werden, da diese Mischung nicht jedermanns Sache ist. Sie basiert auf Masa, aus der auch Tortillas hergestellt werden. Wenn man keine frische Masa bekommt, verwendet man 80 g Masa Harina und mischt diese mit zwei oder drei Eßlöffeln heißem (nicht kochendem) Wasser.

◆

100 g Masa
300 ml Wasser
450 ml Milch
60–90 g Piloncillo-Zucker, gehackt

◆ Die Masa mit dem Wasser im Mixer mischen und in einen Kochtopf geben. Die Milch und den grob gehackten Piloncillo dazugeben. Wenn Sie keinen Piloncillo bekommen können, 3 EL dunklen, braunen Zucker und ½ EL Zuckersirup oder Melasse verwenden. Erhitzen und ständig rühren, bis der Zucker sich aufgelöst hat.

OBEN: Frisches Obst ist ein wichtiger Bestandteil von Getränken und Speisen.
GEGENÜBERLIEGENDE SEITE: Erholungspause in Inchitan.

VARIANTEN

➤ Um Schokoladen-Atole herzustellen, geben Sie eine 100-g-Tafel süße mexikanische Schokolade, grob gehackt, mit dem Piloncillo in die Masa-Mischung.

➤ Die Variationsmöglichkeiten sind unbegrenzt. Sie können den Anteil von Milch und Wasser verändern, oder Sie können mehr oder weniger Flüssigkeit zugeben, um die Atole sämiger oder dünnflüssiger zu machen. Sie können etwas gemahlenen Anis zufügen, statt der Schokolade fein gemahlene Nüsse unterrühren (vor dem Servieren mit Zimt und Muskat bestreuen), mehr oder weniger Zucker zugeben oder statt Milch gehackte Ananas und Wasser verwenden. Sie können es sogar mit Erdbeerpüree versuchen. All diese Rezepte sind original mexikanisch. Eine moderne Variante ist die Mischung mit schwarzem Kaffee: ein Viertel bis halb soviel Kaffee wie Atole.

KAFFEE

Cafe Americano ist schwarzer Kaffee; Cafe con Leche ist gekochter, doppelt starker Kaffee, verdünnt mit der gleichen Menge heißer Milch. Es gibt einige sehr gute Cafes de Olla, bei denen der Kaffee in einem Tontopf mit verschiedenen weiteren Zutaten gekocht und vor dem Servieren gefiltert wird. Hier ein Rezept von vielen für Cafe de Olla:

1 l Wasser
60 g dunkel gerösteter Kaffee
5 cm Zimtrinde
120–150 g Piloncillo-Zucker, gehackt

◆ Das Wasser mit der Zimtrinde und dem Piloncillo in einem feuerfesten Glas oder Tontopf zum Kochen bringen. Wenn Sie keinen Piloncillo bekommen können, nehmen Sie 120 g dunklen braunen Zucker und 1 TL Melasse oder Zuckersirup. Ab und zu umrühren, damit der Zucker sich auflöst.

◆ Wenn das Wasser kocht, den Topf von der Kochstelle nehmen. Den Kaffee zufügen, umrühren, 5 Min. ziehen lassen. In Becher filtern. Andere mögliche Aromazusätze sind Anis, gemahlener Koriander, Nelken oder eine Tafel Schokolade.

ALKOHOLHALTIGE GETRÄNKE

Exotische Cocktails gehören zum Mythos mexikanischer Kultur, ebenso wie eine erstaunliche Anzahl verschiedener Biersorten, die die idealen Begleiter zu den in diesem Buch vorgestellten Gerichten sind. Die mexikanischen Weine schmecken hingegen nur wirklichen Fans.

BIER

Zu Recht genießen die mexikanischen Biere in den Vereinigten Staaten hohes Ansehen und haben sogar einen höheren Marktanteil als die einheimischen Produkte. Dennoch gibt es auch bei den mexikanischen Bieren erhebliche Qualitätsunterschiede. Bohemia, Dos Equis Dark und Modelo Negra haben das ausgeprägteste Aroma, während bei manchen Bieren die Limone, mit der sie serviert werden, wirklich notwendig ist. Ein Schuß Limonensaft in einem faden Bier gibt dem Getränk einen mexikanischen Anstrich. Außerhalb der Vereinigten Staaten und Mexikos sind die mexikanischen Biere normalerweise überteuert. Außerdem sind es oft nicht die besten Biere, die angeboten werden. Deshalb werden die meisten Kenner europäischen Bieren den Vorzug geben, es sei denn, sie mögen ein bestimmtes mexikanisches Bier besonders gern. Man kann sie probieren, sollte sich aber auch nicht scheuen, einheimisches Biere zu servieren.

WEIN

Eigentlich war es vor nicht allzulanger Zeit schon maßlos geschmei-
chelt, wenn man mexikanische Weine als einfach bezeichnete. Mit etwas
Glück war von vier Flaschen eine trinkbar. Einige der modernen
Weingüter stellen erheblich besseren Wein her, aber schlechte Lagerung
und unsachgemäße Behandlung bringen auch diese Produktionen wieder auf das Niveau von vor 20 oder 30 Jahren. Mexiko ist kein
Weinland, und dies spiegelt sich in der Qualität des Weins wider. Das
heißt jedoch nicht, daß Wein nicht zu mexikanischem Essen paßt. Dies
gilt besonders für kräftigen kalifornischen Schankwein und osteuropäi-
sche Weine. Feinere Weine kommen bei den kräftig gewürzten Speisen
meist nicht zur Geltung. Moderne mexikanische Weine sind häufig
genießbar, wenn sie richtig behandelt wurden.

SCHNÄPSE

Das erste Getränk, das den meisten Menschen im Zusammenhang mit
Mexiko sofort einfällt, ist Tequila. Tatsächlich ist Tequila in erster Linie
ein Getränk der Arbeiter, etwas, mit dem man sich betrinkt. Traditionell
wird Tequila getrunken, indem man zuerst etwas Salz auf den
Handrücken streut, dieses ableckt und mit einem Schluck Tequila her-
unterspült. Anschließend beißt man in ein Stück Limone oder Zitrone.
Zyniker würden hinzufügen, daß dies eine glänzende Methode ist, über
den Geschmack von Tequila hinwegzukommen. Mezcal, Charanda und
Sotol ähneln Tequila im Geschmack, werden aber aus anderen
Agavenarten hergestellt. Die bekannteste Agavenart ist wahrscheinlich
der »Jahrhundertbaum« mit seinen großen, schwertförmigen Blättern.
Die meisten Agaven, aus denen Alkohol gewonnen wird, sind kleiner.
Mexikanischer Brandy ist gut – natürlich gibt es auch hier wieder
Qualitätsunterschiede. Es folgt eine Auflistung der Schnäpse, die von
wohlhabenderen Konsumenten bevorzugt werden. Ron, also Rum, ist
meist erstaunlich gut. In der Stärke variieren die verschiedenen
Rumsorten erheblich. Ein Habanero Anejo mit 40% Alkohol hält dem
Vergleich mit jedem anderen Rum stand.
Auf Zuckerrohr basiert auch der 95prozentige Schnaps, aus dem
Rompope (siehe übernächste Seite) gemacht wird. Daneben verwendet
man diesen Zuckerrohrschnaps für Mixgetränke. Schokolade, frische
Milch und sogar Fruchtsäfte werden mit ihm angereichert. Man kann
den Unterschied zwischen dieser Flüssigkeit und dem Weizenkorn, der
in einigen Regionen der Vereinigten Staaten erhältlich ist, genau
schmecken.
Es gibt viele mexikanische Liköre in vielen Geschmacksrichtungen und
mit den unterschiedlichsten Farben. Sie sind meist eine Mischung aus
Früchten, Gewürzen etc. und Alkohol.

PULQUE UND CHICHA

Pulque ist ein fermentierter Saft, der ebenfalls aus Agavenblättern hergestellt wird. In Mexiko ist er kaum noch zu finden, von anderen
Gegenden ganz zu schweigen. Pulque ist eine milchige Flüssigkeit und
hat einen hohen Vitamingehalt, ist also sehr gesund.
Chicha wurde traditionell aus frischen Maiskörnern hergestellt. Diese
wurden von den Frauen gekaut und in einen Topf gespuckt. Angeblich
waren für diese Arbeit nur die schönsten Jungfrauen zuständig. Durch
die Speichelenzyme und die natürliche Hefe vergor das Ganze zu einem
dicken, schaumigen, alkoholhaltigen Getränk, das dann nach alter
Tradition bei Hochzeiten gereicht wurde. Statt sich auf die Suche nach
arbeitslosen Jungfrauen zu begeben, kann man folgendes Rezept
ausprobieren:

◆

1 große Ananas
500 g weißer Zucker
6 Limonen, in Scheiben geschnitten
je $^1/_2$ TL Zimt, Nelkenpulver und Muskat
4 l Wasser

◆ Die Spitze der Ananas abschneiden. Den Rest mit der Schale
waschen, kleinschneiden und zerdrücken. Den Zucker im Wasser
auflösen, alle Zutaten vermischen und in einem Gefäß aus Ton, Glas
oder Plastik gären lassen. Man kann sich auf die Kraft der natürli-
chen Hefe verlassen oder ein Paket Weinhefe (aus einem Weinladen)
dazugeben. Das Getränk wird Apfelwein gleichen, hat jedoch
Ananasgeschmack. Die Wartezeit liegt zwischen einem Tag und einer
Woche, je nach Temperatur des Raums (oder Eisschranks) und des
Reifegrads, der jeweils bevorzugt wird.

GEGENÜBERLIEGENDE SEITE: Eine Auswahl mexikanischer Biere.
OBEN: Ananasbier.

RECHTS: Tequila Sunrise.
GEGENÜBERLIEGENDE SEITE:
Margarita.

COCKTAILS
◆◆◆◆◆◆◆◆◆◆◆◆◆◆◆◆◆◆◆◆◆◆◆◆◆

*Cocktails gehören zu dem Bild, daß man sich von den Mexikanern
macht: Entspannt, lebenslustig und mit einen Hang zum Risiko. Bevor
man Freunden ein mexikanisches Essen serviert, können ein paar
Cocktails hilfreich sein, um sie in Stimmung zu versetzen, aber Vorsicht:
Die Drinks sind meist stärker als sie schmecken. Außerdem sind sie
gefährlich süffig!*

MARGARITA
◆◆◆◆◆◆◆◆◆◆◆◆◆◆◆◆◆◆◆◆◆◆◆◆◆

*Margarita ist der berühmteste mexikanische Cocktail, der im Grunde
eine Form des bereits beschriebenen Salz-Limonensaft-Tequila-Rituals
darstellt. Die Anteile können erheblich variieren, aber für den Anfang
eignet sich folgendes Rezept:*

◆

**Salz
1 Teil Tequila
$^1/_2$ Teil Triple Sec
1 Teil frischer Limonensaft**

◆ 6 mm Salz auf einen Unterteller geben. Das spezielle Margarita
Salz ist etwas gröber, schmeckt aber genauso und ist zudem lächer-
lich teuer. Den Rand eines Glases mit einem Stück Limone befeuchten und dann im Salz drehen, so daß das Salz den Glasrand bedeckt.
◆ Tequila, Triple Sec und Limonensaft mit zerstoßenem Eis mixen
und ins Glas gießen.

CUBA LIBRE
◆◆◆◆◆◆◆◆◆◆◆◆◆◆◆◆◆◆◆◆◆◆◆◆◆

*Cuba Libre ist ein Phantasiename für Cola mit Rum und einem Spritzer
Limonensaft. Mit einem Wechsel der Rumsorte lassen sich erstaunliche
geschmackliche Varianten erzielen. Es lohnt sich, einmal »schwarzen«
dunklen Rum auszuprobieren sowie 75prozentigen Bacardi.*

◆

**30–60 ml Rum
180–350 ml Coca-Cola oder ein anderes Colagetränk
Saft einer halben Limone
2 Eiswürfel
Limonenscheibe zum Garnieren**

TEQUILA SUNRISE

Dies ist der andere Cocktail, der weit über Mexikos Grenzen hinaus berühmt ist. Seinen Namen erhielt er, weil der Grenadine beim Herabsinken für wunderbare Farbschattierungen sorgt.

◆

1¹/₂ Teile Tequila
6 Teile Orangensaft
¹/₂ Teil Grenadine

◆ Tequila und Orangensaft, nach Belieben auch Eis, mixen und in ein Glas seihen. (Das Eis wird allerdings den »Sunrise«-Effekt zerstören.) Den Grenadine vorsichtig zugeben. Wenn man auf das Farbenspiel besonderen Wert legt, sollte man einen kleinen Trichter so in das Glas hängen, daß sein Ende 2–3 cm unter der Oberfläche des Getränks ist und dann den Sirup durch den Trichter einfüllen. Auf diese Weise wird weniger von der Oberfläche mitgefärbt.

PINA COLADA

Versuchen Sie, im Supermarkt Kokosnuß-Ananassaft zu bekommen. Aus diesem Saft kann man eine viel bessere Pina Colada machen als aus dem fertigen Pina-Colada-Mix. Außerdem ist er erheblich preiswerter. Man kann auch in der Mikrowelle etwas Kokoscreme in Wasser oder Kokosmilch schmelzen (60–80 g Kokoscreme auf 350 ml Flüssigkeit). Gut durchrühren und abkühlen lassen. Mit der gleichen Menge Ananassaft mischen.

◆

1 l Kokosnuß-Ananassaft
100 ml dunkler Rum
100 ml heller Rum

◆ Alles gut mit zerstoßenem Eis schütteln. Die Menge reicht für 6 Personen oder für 12, wenn diese später noch nach Hause fahren müssen. Manchmal wird dem Getränk noch 120 ml Sahne zugegeben. Pina Colada schmeckt auch gefroren als Nachspeise köstlich.

ROMPOPE

◆

1 l Milch
500 g–1 kg Zucker
10 Eigelb
750 ml 95prozentigen Zuckerrohrschnaps
je 1 Prise gemahlenen Zimt und Muskatnuß
1 Gewürznelke

◆ Milch, Zucker und Gewürze so lange einkochen, bis sie mindestens um ein Viertel der ursprünglichen Menge reduziert ist. Nach dem Erkalten den Rahm abschöpfen und unter ständigem Rühren den Alkohol dazugeben. Man nimmt entweder 1 Flasche 95prozentigen oder 1,5 Flaschen 50prozentigen Rum. Das Eigelb zu einer dicken Masse schlagen, dann in die Rompompe rühren. Zimt oder frisch gemahlene Muskatnuß (oder beides) vor dem Servieren darüberstreuen.
◆ In Mexiko erhalten auch Kinder kleine Portionen Rompompe und sie mögen das Getränk sehr – für viele Amerikaner eine skandalöse Vorstellung. Einige Mexikaner geben ihrer Rompompe noch einen Schuß Brandy hinzu: Das ist dann wirklich ein Getränk für harte Männer.

GLOSSAR

ADOBADO/ADOBADA *Gewürzt mit Adobo-Soße*

ADOBO *Scharfe, würzige Soße auf Essigbasis*

ALBONDIGAS *Fleischbällchen*

ALMUERZO *Leichtes Frühstück*

ANAHEIM *Große, milde, frische Chilischote*

ANCHO *Große, getrocknete Chilischote mit ledriger Haut*

ARBOL *Sehr scharfe, getrocknete Chilischote*

ARROZ *Reis*

ASADA/ASADO *Mariniertes Fleisch, gegrillt oder gebraten*

ATOLE *Süßes Getränk, mit Masa angedickt*

AVES *Geflügel*

BIRRIA *Zartes, auf dem Holzkohlengrill gegrilltes oder geschmortes Fleisch*

BORRACHO/BORRACHA *»Betrunken«, d. h. mit Wein, Bier oder Spirituosen zubereitet*

BUDIN *Einer Lasagne ähnlich, nur werden statt Nudeln Tortillas verwendet*

BURRITO *Große, gerollte Weizenmehltortilla mit Füllung*

CALDO *Suppe oder dünner Eintopf*

CALIFORNIA *Große, milde Chilischote, meistens getrocknet*

CARNE *Fleisch: de res (oder de vaca) ist Rindfleisch, de puerco Schweinefleisch*

CAZUELA *Flacher Kochtopf aus Ton*

CENA *Abendmahlzeit*

CERVEZA *Bier*

CEVICHE *In Limonensaft eingelegter Fisch*

CHAYOTE *Birnenförmiger Kürbis*

CHILE RELLENO *Frischer, gefüllter Chili*

CHIPOTLE *Kleine, scharfe, geräucherte Chilischote*

CHORIZO *Würzige Wurst*

CHURROS *Fritiertes Spritzgebäck, einem Krapfen vergleichbar, jedoch in Stangenform*

CILANTRO *Koriander oder »chinesische Petersilie«*

COLORADO *Rot, normalerweise eine Tomatensoße*

COMAL *Tönernes oder gußeisernes rundes Blech zum Backen von Tortillas*

COMIDA *Hauptmahlzeit des Tages, sie wird am frühen Nachmittag eingenommen*

ELOTE *Frischer Mais*

ENTREMES *Vorspeisen*

ESCABECHE *Scharfe Soße auf Essigbasis zum Marinieren*

FAJITAS *Fleischstück aus dem Bauchlappen vom Rind, mariniert und gegrillt*

FIDEOS *Fadennudeln*

FRIJOLES *Bohnen. Frijoles refritos sind gebackene Bohnen*

GUACAMOLE *Pürierte Avocados*

GUAJILLO *Große, getrocknete Chilischote mit scharfem Geschmack*

HOMINY *Mit Lauge behandelter Mais*

HUACHINANGO *Red Snapper. Auch Guachinango genannt. Ein sehr beliebter Fisch*

HUEVOS *Eier. Huevos Rancheros sind Eier nach Western-Art, Huevos Revueltos Rührei*

JALAPENO *Große, sehr scharfe Chilischoten*

JICAMA *Wurzelgemüse, geschmacklich ähnlich einer Kreuzung zwischen Kartoffel und Apfel*

JICAMATE *Tomate*

LENGUA *Zunge*

MACHACA *Nach dem Garen zerkleinertes, getrocknetes Rindfleisch*

MACHOMO *Vergleichbar der Machaca, aber leichter herzustellen*

MAGUEY *Agaven mit schwertförmigen Blättern, der »Jahrhundertbaum« gehört zu dieser Familie*

MANCHA MANTEL *Wörtlich »Tischtuchbekleckser«, Eintopf mit Früchten und Chilis*

MASA *Maisteig*

MASA HARINA *Spezialmehl zur Herstellung von Maisteig*

MERIENDA *Handfestes »zweites Frühstück«*

MOLE *Soße*

NEW MEXICO *Große, getrocknete Chilischote, nicht sehr scharf*

NOPALITOS *Kaktussprossen*

OLLA *Tiefer, tönerner Kochtopf*

PAELLA *Meeresfrüchte (eventuell auch andere Fleischsorten) mit Reis*

PASILLA *Große, milde, getrocknete Chilischote, auch in Pulverform*

PESCADO *Gefangener Fisch*

PICADILLO *Rinderhack*

PICANTE *Würzig-scharf*

MUY PICANTE *Sehr scharf*

POCO PICANTE *Mild*

PICO DE GALLO *Salat aus Jicama und Orangen*

PILONCILLO *Rohrzucker*

PIPIAN *Rohe, ungesalzene Kürbiskerne*

PLANTANO *Kochbanane*

POBLANO *Große, milde, frische Chilischote*

POLPO *Tintenfisch*

POSTRE *Dessert*

POZOLE *Schweinefleisch mit Hominy*

QUESADILLA *Eine zusammengeklappte Tortilla, mit geschmolzenem Käse gefüllt. Eine Quesadilla Sincronizada besteht aus zwei aufeinandergelegte Tortillas mit Käsefüllung*

QUESO FUNDIDO *Geschmolzener Käse.*

RECADO DE BISTECK *Scharfe Soße auf Essigbasis*

REFRESCO *Wasser mit frischem Fruchtpüree*

REFRITOS *Gebackene Bohnen*

REPOLLO *Kohl*

SALSA *Soße. Salsa Cruda ist ungekochte Soße*

SERRANO *Sehr scharfe Chilischote*

SOPA *Suppe*

TACO *Gefaltete Tortilla mit Füllung*

TAMALES *In Masa gehülltes Fleisch, das in Maishülsen über Dampf gegart wird*

TOMATILLO *Einer grünen Tomate ähnlich, mit einer papierartigen Haut*

TORTILLA *Flaches »Brot« aus Mais oder Weizenmehl. Eine Tortilla de huevo ist ein Omelette*

TOSTADA *Gebratene Tortilla mit Beilagen*

TOSTADITA *Kleine Tostada: Maischips*

VERDE *Grün, d.h. mit Tomatillos hergestellt (Salsa Verde)*

REGISTER

◆◆◆◆◆◆◆◆◆◆◆◆◆◆◆◆◆◆◆◆◆◆◆◆◆

BILDNACHWEIS:

Fotos der Speisen: Steve Alley und Amber Wisdom;
Roger Hicks und Frances Schultz, John Norton
Zubereitung der Speisen: Roger Hicks, Francis Schultz; Marion
Schultz, Juana Ibarra
Landschaftsaufnahmen: zur Verfügung gestellt von Liba Taylor

DANKSAGUNGEN:

Wir möchten den Mitgliedern der Gemeinde Unserer
Lieben Frau in Guadalupe, Kalifornien danken.
Besonderer Dank gilt (in alphabetischer Reihenfolge):
Maria-Luisa Amarillas, für Rezepte
Juan Brad, für viele Rezepte und Ideen
Margarita Fausta, für Rezepte
Juana Ibarra, für Rezepte, Tamales und sonstige Mithilfe
Olivia Jaime, für Rezepte und Ideen
Rosalia Perez-Gomez, für den ursprünglichen Entwurf
Manuel Ramos, für Rezepte, Erläuterungen und Koordination
Nellie Ramos, für Rezepte und weitere Hilfe.
Padre Julio Roman von Unserer Lieben Frau in Guadalupe
Marion Schultz, für Rezepte und weitere Hilfe.